MARANA THA

11

Per informazioni sulle opere pubblicate
e in programma rivolgersi a:

Edizioni Terra Santa
Via Giovanni Gherardini, 5 - 20145, Milano
Tel. +39 02 34592679
Fax + 39 02 31801980
http://www.edizioniterrasanta.it
e-mail: editrice@edizioniterrasanta.it

Carlo Ghidelli

Elogio delle lacrime
Dove sta la gioia vera

Prefazione di

Domenico Cancian

edizioni terra santa

Finito di stampare nel maggio 2016
da Press Grafica, Gravellona Toce (VB)
per conto di Fondazione Terra Santa

ISBN 978-88-6240-412-9

*Mi resta solo di dedicare
queste riflessioni spirituali
sul pianto e sulle lacrime
a chi mi ha aiutato a comprendere
il tesoro che sta nascosto
nell'esperienza del piangere.*

«Il dovere di pregare
si adempie meglio con i gemiti
che non con le parole,
più con le lacrime
che con i discorsi»
(sant'Agostino, *Lettera a Proba*)

«Per tutti i caduti della "inutile strage",
per tutte le vittime della follia della guerra,
in ogni tempo, il pianto.
Fratelli, l'umanità ha bisogno di piangere,
e questa è l'ora del pianto»
(Francesco, vescovo di Roma)

Prefazione

Gesù allora, quando la vide piangere, e piangere anche
i Giudei che erano venuti con lei, si commosse profondamente
e, molto turbato, domandò: «Dove lo avete posto?».
Gli dissero: «Signore, vieni a vedere!». Gesù scoppiò in pianto.
Dissero allora i Giudei: «Guarda come lo amava!»
(Gv 11,33-36).

Gesù che "scoppia in pianto" è sicuramente un'icona
che facciamo fatica a immaginare. Non viene (quasi) mai evocata. Eppure, se Gesù non avesse pianto dinanzi a un amico morto, la sua umanità mancherebbe di una dimensione essenziale. Avesse operato la risurrezione di Lazzaro senza battere ciglio e senza una lacrima, avrebbe mostrato certamente la sua onnipotenza, ma senza soffrire lui stesso lo strappo violento della morte dell'amico. I presenti non avrebbero potuto dire: «Guarda come lo amava» (*ephilei*: l'amore di amicizia).

Anche i due verbi precedenti rinforzano in modo estremamente notevole questo tratto di Gesù: «Si commosse profondamente» (*enebrimesato en to pneumati*: fremere, agitarsi fortemente nell'animo; il verbo è ripetuto più avanti al v. 38: ancora profondamente commosso). L'evangelista aggiunge un secondo verbo: Gesù «fu molto turbato» (*etaraxen*: sconvolto).

Gesù vuol vedere la salma che manda cattivo odore, prega il Padre con intensa fiducia e audacia, e poi grida: «Lazzaro, vieni fuori!». A che serviva piangere? Non bastava semplicemente farlo risorgere?

In fondo tutti i miracoli operati da Gesù mettono in evidenza la sua immensa capacità di com-passione materna e paterna. Come dicesse: «Prendo io la tua sofferenza. Tu non soffrire!». Lo esplicita l'evangelista Matteo:

> Venuta la sera, gli portarono molti indemoniati ed egli scacciò gli spiriti con la sua parola e guarì tutti i malati, perché si adempisse ciò che era stato detto per mezzo del profeta Isaia: *Egli ha preso le nostre infermità e si è addossato le nostre malattie* (Mt 8,16-17).

Così Gesù rivela la sua identità: la capacità di sintonizzarsi con la sofferenza umana facendola propria e la dimensione divina con la quale manifesta che Dio è Amore (cf. 1Gv 4,8.16).

Benvenuto dunque questo testo che viene alla luce con un titolo originale: *Elogio delle lacrime. Dove sta la gioia vera* (il senso viene spiegato molto bene nella postfazione). Era proprio necessario rivisitare e decodificare il linguaggio delle lacrime.

In un inno della Liturgia delle Ore preghiamo:

> Risveglia in noi la fede, la speranza, l'amore;
> dona pace e concordia e letizia perfetta.
> Lenisci con le lacrime la durezza dei cuori,
> accendi il desiderio della patria beata.[1]

Il dono delle lacrime scioglie quella durezza del cuore che a volte è confusa con la fortezza e il coraggio, mentre chi piange sarebbe necessariamente un debole. In verità chi non sa ridere e non sa piangere (ovviamente per giusta causa), semplicemente non è uomo, tantomeno cristiano.

Gesù ha avuto parole molto forti contro l'uomo dal cuore duro (*sclerocardia*), causa del divorzio con Dio, con

---

[1]   Venerdì, III settimana del Tempo Ordinario.

gli altri e con se stessi. Il nuovo Testamento è annunciato non a caso dai profeti come il dono di un cuore nuovo: il volto della misericordia è il riflesso chiaro e diretto del "cuore di carne". Il Cuore di Gesù, appunto. L'Amore Misericordioso, messaggio centrale della Rivelazione, corrisponde al bisogno più profondo dell'uomo e costituisce la missione della Chiesa, come ci ricorda papa Francesco indicendo il Giubileo della Misericordia. Anche il nuovo umanesimo in Cristo, tema del V Convegno ecclesiale nazionale di Firenze (9-13 novembre 2015), non può non mettere al centro questa capacità di compassione e di empatia. Il Vaticano II aveva giustamente insistito su questa umanità di Cristo, del cristiano e della Chiesa (cf. *Gaudium et spes* n. 1 e n. 22).

Invito, dunque, con molta convinzione alla lettura del presente volume di C. Ghidelli, noto biblista e stimato vescovo. Aiuterà a valorizzare, come un vero dono, le lacrime, quelle nostre e quelle degli altri.

Senza lacrime non siamo umani. Lo testimoniano i santi, come viene richiamato in questo testo: il pianto di Pietro, della Maddalena, di Paolo. Come preghiamo nella *Salve, Regina*.

Due domande possono accompagnare la lettura.

Una è quella dello stesso C. Ghidelli, formulata così: «A quali condizioni si può parlare di una beatitudine delle lacrime?». Infatti, nel discorso della montagna, leggiamo al secondo posto: «Beati gli afflitti, perché saranno consolati» (Mt 5,4; cf. Lc 6,21).

L'altra è quella di papa Francesco che richiama spesso il tema del piangere, e ai sacerdoti (ma vale per tutti) ha chiesto esplicitamente:

Dimmi: Tu piangi? O abbiamo perso le lacrime? Ricordo che nei Messali antichi, quelli di un altro tempo, c'è una preghiera bellissima per chiedere il dono delle lacrime. Incominciava così, la preghiera: «Signore, Tu che hai dato a Mosè il mandato di colpire la pietra perché venisse l'acqua, colpisci la pietra del mio cuore perché le lacrime...»: era così, più o meno, la preghiera. Era bellissima. Ma, quanti di noi piangiamo davanti alla sofferenza di un bambino, davanti alla distruzione di una famiglia, davanti a tanta gente che non trova il cammino?... Il pianto del prete... Tu piangi?[2]

Il «piangere con chi piange» (Rm 12,15) è un'opera di misericordia umana e cristiana che attira tutta l'attenzione del Padreterno: «Il Signore Dio asciugherà le lacrime su ogni volto» (Is 25,8).

E il salmista assicura: «I passi del mio vagare tu li hai contati, le mie lacrime nell'otre tuo raccogli; non sono forse scritte nel tuo libro?» (Salmo 56).

+ Domenico Cancian fam
Vescovo di Città di Castello

---

[2]   Discorso ai parroci di Roma, 6 marzo 2014.

Introduzione

Forse non pochi di noi, in diversi tempi e momenti, hanno sperimentato quanto sia difficile "consolare gli afflitti", trovandosi nella quasi totale impossibilità di proferire parole opportune ed efficaci. Impresa davvero difficile anche quando se ne intravede l'assoluta necessità. Per taluni le lacrime sono il pane notturno e diurno (cf. Geremia 14,17) e, pur soffrendo, non vogliono essere consolati.

Eppure, se non vado errato, rimane vera anche oggi la beatitudine proclamata da Gesù: «Beati quelli che sono nel pianto, perché saranno consolati» (Matteo 5,4). Una beatitudine difficile da digerire, questa, nonostante la somma autorevolezza di chi l'ha proclamata. Ma per comprenderla e accettarla occorre capirne la motivazione. Infatti, è l'attesa della consolazione finale che rende accettabile la beatitudine. Per dirla con san Francesco d'Assisi: «È tanto il bene che mi aspetto che ogni pena mi è diletto».

Ma è proprio vero che le lacrime sono sempre solo segno di tristezza e di dolore? Non avranno forse altri significati, altre motivazioni, altre valenze? Occorre mettere in atto tutti i registri delle nostre capacità investigative per ampliare lo spettro della nostra ricerca e approdare a qualche scoperta nuova.

In effetti, non possiamo sottrarci all'esperienza delle lacrime nostre e altrui e sappiamo molto bene che quasi sempre da esse traspare ciò che di più triste e di più indesiderabile accade nella vita dei mortali. Le lacrime sembra che alcuni le abbiano a comando: basta una pur minima emozione, in positivo o in negativo, che mettono subito mano al fazzoletto. Altri, invece, sembrano incapaci di piangere: anche nelle situazioni più drammatiche non riescono a spremere una sola lacrima. Ma non è di questo che intendo parlare in questo scritto. Sono piuttosto i risvolti psicologici e spirituali del pianto che mi interessano. Cercherò di ricavare l'ispirazione dalla parola di Dio scritta: sono sicuro che in questo modo non dirò cose mie ma darò voce solo a quello che il Signore ci vuole comunicare.

Mi ritorna spontaneo l'interrogativo: «Le lacrime non avranno forse anche qualche altro significato? Quale, semmai?». La Bibbia, nel suo insieme, ci aiuta a istruire la nostra ricerca su basi solide: sulla roccia della parola di Dio scritta che, secondo le parole del Salmo 119(118),105, ha il potere di illuminare il nostro cammino e di indicarci la meta verso la quale camminare: «Lampada ai miei passi è la tua parola, / luce sul mio cammino».

Noi cercheremo di esaminare alcune situazioni della vita alle quali non manca mai "il dono" delle lacrime. Sì, perché alla fin fine dobbiamo riconoscere che quello del piangere, in certe situazioni dell'esistenza terrena, non è altro che un dono che il Dio e Padre del Signore nostro Gesù Cristo, il Dio di ogni consolazione, fa a noi suoi figli e figlie. Sono lacrime liberatorie che, pur accompagnate da molta tristezza, alla fine lasciano sollievo e ristoro.

Rileggendo e riflettendo su alcuni episodi biblici, sia del primo che del nuovo Testamento, avremo modo –

come già detto – di radicare questa nostra convinzione sulla roccia della parola di Dio. Ci saranno di grande aiuto, in particolare, alcuni versetti dei Salmi, come pure alcuni proverbi dei libri sapienziali. Questi, come è risaputo, per illuminare la nostra esistenza terrena, coniugano la luce della rivelazione con quella delle nostre esperienze umane.

L'invito che fraternamente rivolgo a tutti i miei possibili lettori e lettrici è molto semplice ma accalorato: quello di non dimenticare che sotto il velo delle lacrime talvolta sta nascosta una perla preziosa, che attende solo di essere scoperta; una perla veramente preziosa, che l'unico vero Dio desidera offrire a tutti i suoi figli e figlie, soprattutto ai più tribolati.

Mi tornano alla mente le non poche persone che, in tempi e situazioni diverse, ho incontrato nel lungo corso della mia attività pastorale. Resto sempre ammirato del bene che ci siamo voluti e che ci siamo scambiati nel nome del Signore. Il loro ricordo mi accompagna e mi consola, anche se non di rado per diversi e svariati motivi ci siamo trovati a piangere insieme. A loro dedico volentieri queste mie riflessioni nella speranza di poter rinnovare il mio modesto ma cordiale servizio.

L'itinerario che seguiremo è molto semplice: al commento di alcuni salmi farà seguito la riflessione su alcuni momenti della storia del popolo eletto e approderemo al nuovo Testamento per meditare sulle lacrime di Gesù, dell'apostolo Paolo e dell'evangelista Giovanni. In questo modo, pur consapevole di non dover tralasciare molte altre pagine della Bibbia, conto di coprire tutto l'arco della storia della salvezza, che in effetti si presenta anche come una storia di lacrime e di consolazione.

Dal primo Testamento

La nostra prima attenzione cade sui libri del primo Testamento, i quali sul tema delle lacrime ci offrono un pascolo abbondante. Tra le molte pagine che ne parlano c'è solo l'imbarazzo della scelta, e dovremo rinunciare a commentarne molte altre, che pure meriterebbero altrettanta attenzione. Per questo oso formulare l'ipotesi, anzi l'augurio, che chi leggerà queste riflessioni possa allargare la sua ricerca e dilettarsi di altre pagine bibliche.

Noi andremo a commentare alcune pagine, soprattutto dei libri profetici, senza dimenticare del tutto i libri sapienziali, specialmente i Salmi. Ce ne sono alcuni, infatti, specialmente tra le lamentazioni individuali e pubbliche, che rendono in modo plastico le varie situazioni di dolore e di sofferenza che provocano le lacrime. Meditarli con estrema attenzione sarà nostro compito e piacere, nella speranza e nel desiderio di entrare in piena sintonia spirituale con gli agiografi, gli scrittori sacri.

Nel prendere contatto con alcune pagine della Bibbia, rinnoviamo il nostro atto di fede nella presenza di Dio nella sua Parola. Esattamente come si legge nella costituzione conciliare sulla divina liturgia: «Per realizzare un'opera così grande, Cristo è sempre presente nella Chiesa, in modo speciale nelle azioni liturgiche... È presente nella sua parola, giacché è lui che parla quando nella Chiesa si legge la sacra Scrittura» (n. 7).

Certo, il lettore/lettrice dovrà fare qualche sforzo non solo per familiarizzarsi con un vocabolario nuovo, ma anche per entrare in sintonia con quella spiritualità che è tipica dei Salmi biblici. Un cosa è certa: per riuscire a condividere il messaggio della Bibbia occorre che ce la rendiamo familiare; e ciò è possibile solo attraverso una frequentazione metodica. Provare per credere.

1. C'è un tempo per piangere e un tempo per ridere

È noto a tutti l'inizio del capitolo terzo del libro di Qoélet (3,1-4) che recita:

> Per tutto c'è il suo momento,
> un tempo per ogni cosa sotto il cielo.
> C'è un tempo per nascere e un tempo per morire,
> un tempo per piantare e un tempo per sradicare quel
> che si è piantato,
> un tempo per uccidere e un tempo per curare,
> un tempo per demolire e un tempo per costruire,
> un tempo per piangere e un tempo per ridere,
> un tempo per fare lutto e un tempo per danzare.

Nulla di banale, anche se vi è molto di scontato, in questa riflessione di colui che è certamente il più problematico di tutti i sapienti in Israele. Non è affatto banale riflettere sul rapporto che corre tra gli eventi storici e il tempo nel quale essi accadono. Non è forse questo il compito e il dovere di ogni uomo e donna che vuole onorare la sua umanità? In fondo si tratta di prestare attenzione a quanto dice il Signore: voi «sapete dunque interpretare l'aspetto del cielo e non siete capaci di interpretare i segni dei tempi?» (Matteo 16,3).

Cominciamo col notare, sulla scorta di un esegeta contemporaneo, che il termine ebraico qui utilizzato *et* non corrisponde esattamente al nostro termine "tempo". Da una parte è più ristretto perché tende a significare "tempo fissato", "tempo opportuno", "momento". D'altra parte è più vasto perché l'aspetto temporale passa in secondo piano cosicché si può rendere con "occasione", "possibilità" (Zimmerli). Questa nota esegetica ci mette in guardia dal pericolo di accostare i due termini delle antitesi, senza cercare una sintesi. Spesso infatti il Qoélet ci propone due termini come tesi e antitesi e lascia a noi il compito di fare la sintesi. È solo una indicazione di metodo per leggere correttamente questo libro, che è certamente tra i più problematici della Bibbia.

Anche i rilievi di G. von Rad, uno dei più grandi studiosi dell'antico Testamento del secolo scorso, ci aiutano a mettere a fuoco il discorso:

> Di due cose contrarie non se ne può fare che una per volta e per sapere ciò che conviene fare in ogni caso bisogna sapere che ogni cosa ha il suo momento favorevole. Abbiamo nuovamente qui un'esperienza elementare accessibile a ogni uomo, in tutti i tempi e a tutti i livelli di civiltà. Nuovamente un'esperienza dei limiti imposti alla volontà umana di vivere: l'uomo non può fare altro che piegarsi a questa necessità, poiché essa sfugge a ogni influenza.

Alla luce di questi due apporti esegetici possiamo ora enucleare le nostre osservazioni. Anzitutto annotiamo che dentro le quattordici antitesi l'autore pone anche quella relativa al piangere e al ridere. Ma con quale prospettiva e, soprattutto, con quali intenti? Ovviamente non dobbiamo semplificare il discorso come se si trattasse solo di un'alternanza cronologica: sarebbe ben poca cosa. Dobbiamo invece cercare un significato più profondo che mi permetto di esplicitare in questo modo.

Quando hai l'opportunità di ridere non dimenticare che verrà presto anche quella di piangere; viceversa, quando stai piangendo non ti scordare che verrà presto anche il tempo per ridere. È un consiglio prezioso perché ci insegna a non assolutizzare nulla e a cogliere la relatività e i limiti delle diverse situazioni di vita attraverso le quali passiamo.

Un po' come quando in Siracide 18,25 leggiamo: «Ricordati della carestia nel tempo dell'abbondanza, / della povertà e dell'indigenza nei giorni della ricchezza». Un consiglio che vale tanto oro quanto pesa, se pur riesce a entrare nella nostra mente e nel nostro cuore. Dal canto suo il libro dei Proverbi formula lo stesso concetto sotto forma di preghiera:

> Signore, non darmi né povertà né ricchezza,
> ma fammi avere il mio pezzo di pane,
> perché una volta sazio io non ti rinneghi
> e dica: «Chi è il Signore?»
> oppure, caduto nell'indigenza, non rubi
> e abusi del nome del mio Dio (30,8).

Se avessimo il coraggio di pregare come ha fatto questo saggio d'Israele, con parole sempre impastate di vita e di terra, non andremmo incontro a tante inutili pene e delusioni cocenti.

Possiamo certamente cogliere anche uno scopo didattico in quello che purtroppo minaccia di essere ridotto a una semplice alternanza di eventi. Quello che si legge in Siracide 33,15 («Osserva e scruta le opere dell'Altissimo: due a due, l'una nei confronti dell'altra») vale non solo per le creature che possiamo contemplare nella loro differenza di genere (maschio e femmina), ma anche per gli avvenimenti che ci troviamo a vivere e spesso a condividere con altri. Se, dunque, c'è «un tempo per piangere» possiamo e dobbiamo ricavare da esso non solo motivo di tristezza o di desolazione, ma anche la speranza di esserne sollevati o liberati. D'altro canto, se per tutti c'è «un tempo per ridere» non dobbiamo illuderci che tutta la nostra vita possa trascorrere solo ed esclusivamente "tra rose e fiori".

2. Le lacrime della nostalgia

Nell'ampia raccolta dei Salmi ce n'è uno che evoca il ricordo della distruzione di Gerusalemme, la città santa, e l'esilio del popolo d'Israele in Babilonia. Due eventi storici carichi di una singolare drammaticità, che hanno segnato in modo indelebile la storia del popolo eletto. Dopo l'esperienza della schiavitù in Egitto, per un misterioso quanto provvidenziale disegno di Dio, Israele ha dovuto subire anche l'umiliazione dell'esilio babilonese.

Si tratta del Salmo 137(136) che inizia con le parole: «Sui fiumi di Babilonia», uno dei salmi più famosi, che ha ispirato anche il genio di Giuseppe Verdi. Qui troviamo subito le coordinate essenziali per una retta interpretazione. È importante infatti sapere dove e perché è stato composto un salmo e qualsiasi altra pagina della Bibbia: non solo per ambientarli nel tempo e nello spazio, ma anche per poterne trarre correttamente il messaggio o i messaggi che essi contengono.

Anzitutto le coordinate spaziali: Babilonia e i suoi fiumi. Nella Bibbia, Babilonia è chiamata anche "la grande prostituta" per indicare il degrado morale nel quale erano caduti la città e l'impero babilonese. I fiumi sono il Tigri e l'Eufrate, apportatori di fecondità per la terra e di prosperità per gli abitanti, anch'essi purtroppo partecipi della stessa sorte nefasta.

In seconda battuta, viene messo in evidenza l'atteggiamento desolato degli esuli, condannati a vivere lontano dalla loro patria e dalle istituzioni più care: il tempio, la Legge e i riti caratteristici della loro religione. Non avrebbe avuto alcun senso per quel popolo osservare le prescrizioni della legge mosaica in terra straniera. Avrebbe voluto dire scordare, cioè tradire la propria fede nell'unico vero Dio.

In terzo luogo, il salmo indica il motivo di tanta tristezza e di questo pianto: «Al ricordo di Sion». Segno evidente che, pur travolto dalla tristezza e dalla desolazione, Israele viveva continuamente abitato dal ricordo di Sion, cioè del "luogo" scelto dal suo Dio per stabilirvi la sua presenza. Sion è l'altura preferita dal Signore per stabilirvi la sua "dimora": egli ha scelto di abitare con il suo popolo, profezia di quanto avverrà nella pienezza dei tempi, quando il Signore metterà la sua tenda accanto alle nostre tende (cf. Giovanni 1,14).

Una semplice annotazione si impone: per entrare nella piena comprensione del messaggio veicolato dal salmo è necessario ricordare l'importanza della città santa e del tempio di Gerusalemme per i pii israeliti. I Salmi ne offrono ampia testimonianza: «Chiedete pace per Gerusalemme. / Se mi dimentico di te, Gerusalemme, / si dimentichi di me la mia destra». Dover abbandonare Gerusalemme ed essere costretti a vivere lontano da essa significava essere privati di quella *beata visio* che sola poteva e può riempire il cuore di pace e dare la vera gioia ad ogni figlio e figlia di questo popolo benedetto.

Quante lacrime hanno dovuto versare e quante pene hanno dovuto soffrire tante famiglie che, per svariati motivi e in diverse occasioni, hanno sperimentato la divisione tra marito e moglie, tra genitori e figli! Il dramma del popolo eletto continua dunque anche oggi in diverse parti del mondo per le migrazioni forzate che si succedono a ritmi serrati.

«Sui fiumi di Babilonia, là sedevamo piangendo»: il piangere e lo stare seduti stanno facilmente insieme. Questo popolo smarrito, costretto a vivere in terra straniera, in città non amate, in riva a fiumi sconosciuti sente il bisogno di sedersi non per stanchezza o per pigrizia, ma per piangere e ricordare, ricordare e piangere nella speranza di trovare il desiderato conforto.

Il salmista che ha composto questa elegia ha voluto interpretare i sentimenti dei suoi connazionali in uno dei momenti più drammatici della loro storia, forse lui stesso deportato ed esiliato. Egli immagina una sorta di dialogo tra parti opposte. Da un lato «coloro che ci avevano deportati», i quali per mera curiosità e per diletto personale, desideravano ascoltare le dolci e penetranti melodie dei canti ebraici: «Cantateci i canti di Sion». Dall'altra parte gli stessi deportati che hanno già «appeso le loro cetre sui salici di quella terra» e non hanno alcuna voglia di cantare: «Come cantare i canti di Sion in terra straniera?». Non il canto dunque ma solo il pianto si addice a questo momento di somma tristezza. Israele come popolo ne è consapevole: i sentimenti di un pio israelita non possono non essere condivisi dall'intera comunità credente.

Il salmo termina con una duplice maledizione: una per Israele, qualora dovesse accedere alla domanda dei suoi persecutori: «Si paralizzi (oppure "si distacchi") la mia destra, / mi si attacchi la lingua al palato / se lascio cadere il tuo ricordo». Questo ci fa intuire quanto fosse radicato nell'animo del popolo eletto l'attaccamento alla sua religione, segnatamente al suo Dio. L'altra maledizione, ancor più forte, per i figli di Babilonia, distruggitrice e devastatrice. Ad essi, secondo la più rigorosa legge del taglione, si può augurare solo ciò che di più terribile si possa immaginare: l'eliminazione violenta di tutti i suoi figli.

3. Le lacrime della speranza

Nel Salmo 126(125) riconosciamo facilmente alcune risonanze del Salmo 137(136), or ora commentato, accomunati tra l'altro dal tema delle lacrime. Segno evidente di quanto l'esperienza dell'esilio babilonese abbia inciso sulla psicologia e sulla spiritualità del popolo ebraico. Un popolo destinato a soffrire e a piangere molto a causa della sua elezione.

Torna conto ricordare fin dall'inizio che questo salmo appartiene a quella raccolta che va sotto il nome di "salmi delle ascensioni" (Salmi 120-134); salmi che con molta probabilità venivano cantati dai pellegrini in cammino verso Gerusalemme. La tonalità prevalente è quella della elegia con ritmo graduale. Alcuni di essi suggeriscono espressioni e sentimenti di profonda spiritualità.

Il salmo può essere suddiviso in due parti: nella prima parte si evoca l'evento della liberazione. «Quando il Signore ricondusse i prigionieri di Sion / ci sembrava di sognare». Un sogno divenuto realtà grazie a un puro e gratuito intervento del Signore Dio. Per questo Israele deve solo ringraziare il suo Dio, che in questa maniera dimostra di essere veramente tale, a fronte degli dèi falsi e impotenti dei popoli pagani. È un concetto elegantemente espresso anche in Siracide 36,4: «Come davanti a loro ti sei mostrato santo in mezzo a noi / così davanti a noi mostrati grande fra di loro».

Nella seconda parte, invece, il salmista eleva la sua preghiera a Dio: «Riconduci, Signore, i nostri prigionieri / come i torrenti del Neghev». Si direbbe che Israele è un popolo in continuo stato di esodo: dall'Egitto alla terra promessa, dalla Babilonia a Gerusalemme e da Gerusalemme in attesa dell'evento dell'era messianica. Israele ha vissuto e vive tuttora la spiritualità dell'attesa e noi con lui. La fede che ci accomuna si traduce in speranza:

In quei giorni – si legge nel profeta Zaccaria – dieci uomini di tutte le lingue delle genti afferreranno un Giudeo per il lembo del mantello e gli diranno: «Vogliamo venire con voi, perché abbiamo compreso che Dio è con voi» (8,23).

Visione stupenda, profezia meravigliosa che tengono accesa la fiamma della speranza in ogni autentico israelita.

Il tema delle lacrime ricorre ai vv. 5-6 in contesto di preghiera. Direi che l'orante, palesando un'intenzione chiaramente pedagogica, elabora una situazione storica estremamente dolorosa per ricavarne una lezione di vita: non tanto per sé quanto per coloro che condividono la stessa fede e la stessa speranza. Per sua natura infatti la fede, quando è genuina e vissuta con animo retto, tende a cercare anche il bene altrui, anela cioè a diventare missionaria.

«Chi semina nelle lacrime / mieterà con giubilo». Non saprei dire se in questa espressione dobbiamo riconoscere una constatazione o una profezia (quasi promessa): probabilmente c'è dell'una e dell'altra. Seminare, infatti, è un po' sempre un rischio: lo sanno bene i contadini. Si semina nella speranza di poter raccogliere i frutti delle proprie fatiche (cf. 1 Corinzi 9,10). La speranza sostiene il seminatore fin dal suo primo gesto. Il contrasto tra le lacrime e il giubilo non può non colpire la nostra attenzione.

«Nell'andare se ne va e piange, / portando la semente da gettare»: qui si ribadisce il momento negativo del gesto di chi semina. Piangere nel momento della semina significa non essere sicuri circa l'esito dell'operazione. Il seme infatti deve passare attraverso stagioni e intemperie varie, deve sopravvivere a diversi eventi imprevisti: per questo chi semina «se ne va e piange». Egli getta il seme e non sa quale sarà l'esito finale. Intravediamo lo stato d'animo di tanti contadini delle nostre terre, che non sono mai del tutto sicuri dell'esito che avrà la loro semina. Ma in essi rimane sempre viva la speranza.

«Ma nel tornare, viene con giubilo / portando i suoi covoni»; qui invece viene evocato il momento positivo del gesto di chi semina. All'andata, caratterizzata dal pianto per paura di perdere tutto, corrisponde il ritorno, caratterizzato dal giubilo a motivo del raccolto ormai assicurato. L'immagine dei covoni di grano, portati in spalla non senza fatica ma con l'animo colmo di gioia, ci aiuta a immaginare dal vivo il contadino il quale non solo gode per il raccolto fatto ma si sente spinto a ringraziarne il Signore.

4. Ogni notte inondo di pianto il mio giaciglio

Alla raccolta dei Salmi ne appartengono parecchi che vanno sotto il nome di lamentazioni individuali. Si tratta, per lo più, di preghiere accorate, rivolte con grande fiducia a Colui che solo può liberare. Le lamentazioni pubbliche, invece, salgono dalla situazione di estrema sofferenza di una comunità o dell'intero popolo che riconosce di poter attendere il bene solo dal suo Dio.

Tra questi salmi va certamente annoverato anche il Salmo 6, che assai probabilmente fiorisce sul labbro di un ammalato («sono sfinito... tremano le mie ossa»), il quale teme di dover considerare la sua malattia come un castigo di Dio. Per questo dice: «Signore, non punirmi... non castigarmi». Non è forse questo il dubbio che tuttora serpeggia anche nell'animo di molti cristiani quando si trovano a combattere con una malattia grave?

A quanto pare, la prova dura da molto tempo e l'orante teme di non poter resistere. Perciò esce con questo grido: «Ma tu, Signore, fino a quando?». Fino a quando ti terrai nascosto? Fino a quando dovrò soffrire? Fino a quando dovrò stare in questa condizione? Il salmista certamente si lamenta con Dio, ma il suo lamento è ispirato da profonda fiducia di vedere presto un intervento liberatorio del suo Signore. Lamento e fiducia si intrecciano frequentemente in questo genere di salmi.

«Ritorna, Signore, libera la mia vita, / salvami per la tua misericordia». "Ritorna": anche il Signore, per l'eccessivo amore che nutre per le sue creature, è capace di rivedere i suoi progetti. "Libera": l'orante sollecita il suo Dio a manifestarsi come liberatore. "Salvami": probabilmente il salmista non chiede solo la guarigione dalla malattia che lo affligge, ma una salvezza totale, che interessa il corpo e l'anima.

È a questo punto che l'orante, forse per commuovere colui al quale sta parlando, si permette di descrivere la situazione tristissima nella quale versa: «Sono stremato dai miei lamenti, / ogni notte inondo di pianto il mio giaciglio, / bagno di lacrime il mio letto». Non potremmo immaginare qualcosa di peggio: piangere è sempre triste ma piangere di notte, quando si è soli, in preda a dolori e sofferenze varie delle quali non riusciamo a renderci conto, è tristissimo. Se poi alla sofferenza si aggiunge la solitudine allora si apre la porta della disperazione.

Il salmo termina con una netta e chiara contrapposizione tra lui, l'orante, che esprime di nuovo la sua totale fiducia in Dio: «Il Signore ascolta la mia supplica, / il Signore accoglie la mia preghiera» e tutti quelli che gli vogliono male: «Si vergognino e tremino molto tutti i miei nemici; / tornino indietro e si vergognino all'istante». Sembra di capire che l'unico modo per superare la crisi delle lacrime stia nel rinnovare giorno dopo giorno la ferma fiducia che il Signore non abbandona i suoi figli e gradisce che noi lo si invochi come liberatore, tenendo il più possibile lontani tutti coloro che non sanno fare altro che il male.

Ho letto da qualche parte che «le lacrime sono parole che arrivano tutte dall'anima. Vanno ascoltate con rispetto». Penso che il primo ad ascoltarle sia proprio il Signore. Anche in questo egli dimostra di essere per ciascuno di noi, soprattutto quando ci troviamo a soffrire, sia padre che madre.

5. Hai mutato il mio lamento in danza

Questa espressione la troviamo nel Salmo 30(29) che può essere considerato come un salmo di ringraziamento attribuito a Davide il quale, come si legge nel sottotitolo, lo avrebbe cantato in occasione della dedicazione del tempio. Tra i molti salmi attribuiti al grande re d'Israele questo si segnala per le considerazioni di tipo sapienziale che contiene: segno che dalle vicende attraverso le quali è passato, Davide ha saputo e voluto trarre per sé e per gli altri spunti di riflessione e motivi per dare un nuovo corso alla sua vita.

In questo salmo si parla di liberazione e di guarigione:

> Ti esalterò, Signore, perché mi hai liberato
> e su di me non hai lasciato esultare i nemici.
> Signore, Dio mio,
> a te ho gridato e tu mi hai guarito.

L'orante eleva il suo inno di ringraziamento a Dio per la grazia ricevuta, essendo scampato da un pericolo mortale, ma è pienamente consapevole che quanto è accaduto lo deve attribuire solo ed esclusivamente all'intervento potente e benevolo del suo Dio. È totale il suo abbandono in Dio. È una certezza che afferma anche Giobbe quando, con sano realismo misto a un granellino di fede, scrive: «Se da Dio accettiamo il bene perché non dobbiamo accettare anche il male?» (2,10).

Poi, invitando i fedeli a condividere la sua gioia, esclama:

> Cantate al Signore, o suoi fedeli,
> rendete grazie al suo santo nome,
> perché la sua collera dura un istante,
> la sua bontà per tutta la vita.

Proprio come dice di se stesso il Dio d'Israele in quella pagina che possiamo considerare come la massima rivelazione di Dio:

> Il Signore, il Signore, Dio misericordioso e pietoso,
> lento all'ira e ricco di grazia e di fedeltà, che conserva

il suo favore per mille generazioni, che perdona la colpa, la trasgressione e il peccato (Esodo 34,6).

Ecco ora emergere il tema del pianto che ci interessa da vicino: «Alla sera sopraggiunge il pianto / e al mattino ecco la gioia». Con il calar del sole e il sopraggiungere delle tenebre è facile cadere nella malinconia e lasciarsi prendere da varie forme di depressione, che generano tristezza e strappano lacrime. È alla sera che sopraggiunge il pianto, quando ognuno torna a casa sua e qualcuno, come l'orante di questo salmo, si ritrova solo con se stesso, con la netta sensazione di essere stato abbandonato anche dal suo Dio.

Veramente «le lacrime solcano la notte» (secondo il testo masoretico) e non lasciano spazio al sonno. Una notte insonne è tra le esperienze più comuni e tutti sappiamo quanta amarezza lasciano nel cuore: sia per una malattia che ci assale sia per alcune situazioni penose della vita. Secondo l'immagine qui utilizzata le lacrime hanno la potenza dell'aratro che solca un terreno: solo chi l'ha sperimentato può cogliere la forza dell'immagine.

«Signore, mi hai fatto risalire dagli inferi, / mi hai dato vita perché non scendessi nella tomba»: l'orante dunque ha sperimentato un grave pericolo di morte, ma ora si trova nella condizione di chi può e vuole esprimere il suo più vivo ringraziamento all'unico Dio che poteva liberarlo: «Nella tua bontà, o Signore, / mi hai posto su un monte sicuro». Difficilmente chi sta su un monte può essere raggiunto dai suoi nemici per ovvi motivi: è questa la certezza dell'orante!

Al termine della sua preghiera Davide, riconoscendo l'intervento di Dio nella sua vita, esclama: «Tu hai mutato il mio lamento in danza, / la mia veste di sacco in abito di gioia». Anche l'immagine della veste ci aiuta a coglie-

re la novità della situazione: colui che prima aveva sperimentato un dolore umanamente insopportabile ora dichiara di trovarsi nella condizione di chi è stato guarito
da una malattia mortale e può abbandonarsi alla danza:
«Hai mutato il mio lamento in danza». Questa liberazione l'ha potuta operare solo Dio, il Dio di Israele che lungo
tutta la storia della salvezza ha dimostrato di essere maestoso e meraviglioso: maestoso nella sua gloria e meraviglioso per le grandi opere fatte a nostro favore.

«Hai liberato i miei occhi dalle lacrime»: è la preghiera
di ringraziamento che auguro a tutti di poter fare propria, senza tuttavia dimenticare quanto bene può fare
anche il pianto quando esso è accompagnato da un bri-
ciolo di fiducia nel Signore.

Una preghiera simile a questa ci è offerta dal Salmo
116(114),7-8:

> Ritorna, anima mia, alla tua pace
> perché il Signore ti ha beneficato;
> egli mi ha sottratto dalla morte,
> ha liberato i miei occhi dalle lacrime,
> ha preservato i miei piedi dalla caduta.

Basta avere un cuore sensibile per condividere e fare
nostro questo genere di preghiera. Per "tornare alla vera pace", per sapere dove sta la gioia vera occorre riconoscere che tutto quello che accade nella nostra vita è
grazia: tutto è dono e beneficio di Dio.

6. Le lacrime come pane

È il Salmo 80(79) ad offrirci questa espressione che
certamente colpisce la nostra fantasia: «Tu ci nutri con

pane di lacrime, / ci fai bere lacrime in abbondanza». È veramente misera e miseranda la situazione nella quale si trova il popolo di Dio, se è ridotto a nutrirsi di lacrime: un cibo insolito, una bevanda assai amara. Eppure, a ben considerare le vicende storiche del popolo eletto, spesso ridotto alle sofferenze più atroci, dobbiamo ammettere che l'immagine delle lacrime come pane rende perfettamente il concetto.

Il salmo appartiene a quel gruppo che viene solitamente caratterizzato come "lamentazione pubblica". Non è più solo un individuo che rivolge a Dio il suo lamento per una situazione difficile nella quale è venuto a trovarsi, ma è l'intera comunità di Israele che eleva al suo Dio un lamento corale, allo scopo di scuotere la sua attenzione e di provocare un suo intervento liberatore. Una preghiera corale e comunitaria ha accenti e cadenze propri e vuole essere interpretata come tale.

«Pane di lacrime – si legge in un commento autorevole – è un motivo ricorrente nella Bibbia (cf. Deuteronomio 16,3; Isaia 30,20; Ezechiele 24,17; Osea 9,4; Salmo 42(41),4). Indica la quotidianità del soffrire. Jahvè aveva sempre guidato Israele dall'alto dell'arca, assiso sui cherubini, ora invece egli sembra essersi assopito, è diventato freddo e indifferente. Al gregge che doveva nutrire – cf. Salmo 23(22) – offre un pane impastato di lacrime. Il popolo vuole risentire su di sé il calore della mano di Dio che guida, nutre, abbevera».

In questo salmo colpisce in modo particolare il contrasto tra la situazione ideale di un tempo nella quale si trovava il popolo di Dio, ampiamente descritta nei vv. 9-12, e la situazione di oggi che vede lo stesso popolo non solo sottoposto a dure sofferenze, ma quasi abbandonato dal suo Dio. È soprattutto questo abbandono che grava come un macigno e porta a dire: «Fino a quando, Signore, ti terrai nascosto per sempre, /arderà come fuoco la tua ira?» (Salmo 89(88),47).

Si comprendono allora le due espressioni tra loro collegate: «Ritorna, Dio degli eserciti!» e «O Dio, fa che ritorniamo». Sappiamo che il verbo ebraico *shub* può significare non solo "ritornare", ma anche "convertirsi". Ora, se quest'ultimo significato è difficile da applicare a Dio, calza perfettamente se è riferito a Israele. Ma forse, a ben considerare le cose, anche il Signore Dio d'Israele è disposto a cambiare il suo atteggiamento verso Israele, dando prevalenza alla misericordia sulla giustizia. Non è forse questo l'insegnamento che ricaviamo da tanti salmi e dall'intera rivelazione veicolata anche dal primo Testamento?

Il tema delle lacrime non ritorna più nel corso del salmo, ma constatiamo come esse vengano come asciugate ed eliminate per l'efficacia delle suppliche del popolo:

Dio degli eserciti, ritorna!
Guarda dal cielo e vedi
e visita questa vigna,
proteggi quello che la tua destra ha piantato.

Una comunità che prega con questi accenti non ha più le lacrime agli occhi, ma pregusta la gioia della liberazione. L'immagine della vigna richiama la profezia di Isaia 2,1ss: «Voglio cantare per il mio diletto / il mio cantico d'amore per la mia vigna», «Ebbene, la vigna del Signore degli eserciti è la casa d'Israele», sia il primo sia il nuovo Israele.

È lo stesso sentimento dal quale è ispirata la finale del salmo: «Signore, Dio degli eserciti, fa' che ritorniamo, / fa' splendere il tuo volto e noi saremo salvi». Israele sa con estrema certezza che il volto di Dio risplende su di lui anche nei momenti della prova. Il ritorno del popolo e la sua salvezza sono strettamente legati alla benevolenza di Dio, che fa risplendere il suo volto luminoso e illuminante. Il volto di Lui illumina il nostro cammino; tanto ci basta per sopportare anche la tristezza di alcuni momenti di pianto.

7. La valle del pianto

Se ne parla nel Salmo 84(83) in un contesto letterario che rimanda a una istituzione rilevante nella vita e nella spiritualità del popolo eletto: il pellegrinaggio. Una espressione simile a questa è entrata anche nel nostro modo di pregare: esattamente nella *Salve, Regina*, una preghiera che noi rivolgiamo alla madre di Dio: «A te sospiriamo, gementi e piangenti in questa valle di lacrime». Avremo modo di commentarla a suo tempo.

Il nostro salmo è stato caratterizzato appunto come un "canto di pellegrinaggio" che ha per meta la città santa, il "luogo" nel quale abita il Signore, «il Dio vivente». Per questo alcuni studiosi lo presentano anche come un "canto di Sion", che celebra l'ospite divino del tempio, fonte di felicità e di grazia per i pellegrini (vv. 6-8) come per i residenti nel santuario (vv. 5-11). Al tempio del Signore si va per essere benedetti e per ricevere con la benedizione anche il dono della consolazione.

Sono due perciò i temi che si intrecciano in questo salmo: il tema del pellegrinaggio, al quale si connette il richiamo delle lacrime, e il tema del tempio, meta del pellegrinaggio e "luogo" della presenza divina. Due temi che richiedono di essere considerati insieme, per motivi non solo di critica letteraria ma anche strettamente teologici, in riferimento alla spiritualità del popolo eletto.

Possiamo chiederci se con l'espressione «valle del pianto» l'orante intende indicare un preciso luogo geografico. L'ipotesi è verosimile e per questo alcuni esperti, in riferimento a 2 Samuele 5,17-25, parlano della "valle del Bagalarò" (albero piangente) che sta a nord della valle di Hinnon (Geenna), che era l'ultima tappa del pellegrinaggio all'incrocio delle strade che vengono da nord, da ovest e da sud.

Ma non c'è alcun dubbio che con questa espressione il salmista intende indicare soprattutto una situazione spirituale: quella del pellegrino, appunto, il quale pur tra immancabili difficoltà e ostacoli, è deciso a proseguire il suo cammino. Una volta intrapreso, «il santo viaggio» deve essere portato a termine perché esso comprende una sorta di appuntamento tra il pellegrino e il suo Signore, tra il Signore e il suo popolo. Ogni pio israelita si sentirebbe in colpa se perdesse questo appuntamento.

È bene rilevare il contesto immediato: viene infatti proclamata una beatitudine speciale per chi abita nella casa del Signore: «Beato chi trova in te la sua forza / e decide nel suo cuore il santo viaggio». Sembra di capire un cosa: il santo viaggio "s'ha da fare", ma prima occorre rifornirsi di quella forza che solo il Signore può garantire: ovviamente non una forza fisica ma spirituale. Se questo viaggio è chiamato "santo" ciò significa che esprime e presenta un rapporto speciale con il Signore.

Pervaso da questa beatitudine, cioè forte della forza del suo Signore, il pellegrino procede sicuro nel suo viaggio. Egli non è solo nel suo pellegrinare, ma si sente sorretto da Colui che non abbandona mai i suoi figli, soprattutto quando essi si avventurano in un viaggio che ha per meta la Sua casa. Verso di loro il Signore Dio nutre un amore viscerale, sia paterno sia materno, un amore che gli è proprio e che lo caratterizza come Dio.

A questo punto la «valle del pianto», che pur deve essere percorsa e attraversata, non fa più paura: l'attesa dell'incontro è troppo forte e l'attrattiva del tempio irresistibile. È fatale piangere quando ci si trova in situazioni penose, ma è pur sempre possibile sperare al di là di ogni umana possibilità di sperare. È proprio vero dunque che la speranza è sempre l'ultima a morire. Diceva san Francesco d'Assisi: «È tanto il bene che mi aspetto che ogni pena mi è diletto».

È allora che accade qualcosa di miracoloso: «Passando per la valle del pianto / la cambia in una sorgente». Sale spontaneo un interrogativo: chi è il soggetto di questo verbo? Il pellegrino sorretto dalla forza del suo Signore o il Signore che infonde forza nel pellegrino? Forse l'alternativa non vuole essere risolta perché questo "miracolo" avviene per la collaborazione di entrambi: Dio che soccorre, da un lato, e il pellegrino che accoglie il dono di Dio, dall'altro. Il donatore e il donato sono entrambi attivi in questo "miracolo": Dio che potrebbe fare tutto da solo vuole aver bisogno di noi, suoi figli e figlie.

«Cresce lungo il cammino il suo vigore / finché compare davanti a Dio in Sion»: questo vigore del pellegrino richiama la forza che egli ha ricevuto da Dio. I due ormai procedono insieme: il Signore Dio infatti non solo abita nella sua dimora, ma è presente e attivo nella vita dei suoi figli perché in essi egli riconosce la sua immagine e somiglianza e da essi attende una collaborazione che è, a un tempo, libera e necessaria.

Il salmo termina con un'altra beatitudine: «Beato l'uomo che in te confida». Ovviamente lo sguardo dell'orante si dilata e non riguarda più un singolo pellegrino, ma la sua fede lo porta a generalizzare fino a comprendere ogni uomo di buona volontà, che nutre sentimenti di venerazione e di adorazione verso il suo Dio. «L'uomo che confida nel Signore» rappresenta ciascuno di noi nella misura in cui non ci chiudiamo nel nostro "piccolo mondo", non ci accontentiamo dei nostri "piccoli amori", non ci isoliamo dai nostri fratelli e sorelle ma ci apriamo alle sorprese di Colui che è l'Amore.

8. Le lacrime del pentimento

È difficile immaginare che Davide, dopo aver commesso il duplice peccato di adulterio e di omicidio, riconoscendosi peccatore davanti a Dio, grazie anche all'intervento del profeta Natan, non abbia versato lacrime amare: lacrime di pentimento e di contrizione certamente, ma forse anche lacrime aperte alla speranza e alla gioia.

Sia il Salmo 51(50) sia il racconto relativo all'incontro tra Davide e il profeta Natan (cf. 2 Samuele 11-12) ci lasciano intendere il grande dolore del re non solo per il peccato commesso ma anche per la morte del figlio. «Davide allora fece suppliche a Dio per il bambino e digiunò; rientrando passava la notte coricato per terra... e rifiutò di prendere cibo». Se ci limitiamo al Salmo 51 troviamo alcune espressioni che equivalgono al dolore più lancinante che non può non aver provocato lacrime amare in Davide: «Esulteranno le ossa che hai spezzato»; ovviamente, nella situazione nella quale era venuto a trovarsi, Davide si sentiva le ossa spezzate: una metafora facilmente interpretabile. Davide somatizza il dolore che sente nei confronti di Dio. Attribuendo a Dio la causa di questo dolore, Davide non intende certo accusarlo, ma solo ed esclusivamente presentarsi a Lui nella sua miseria e nella sua debolezza.

«Non respingermi dalla tua presenza»: Davide sa be-
nissimo che, così com'è, non è degno di stare alla presenza del suo Dio; quel Dio che lo aveva scelto tra i suoi
fratelli perché diventasse re d'Israele. "Stare alla presenza del Signore" richiede uno stato di purità che purtroppo Davide ha perduto: ne è pienamente consapevole e lo riconosce umilmente. Quella di Davide corrisponde a una vera e propria "confessione", consapevole come è di aver peccato non solo con Betsabea e contro
Uria, ma soprattutto "contro il Signore".

«Rendimi la gioia di essere salvato»: prima Davide
sentiva di essere un privilegiato; ora, invece, chiede di
assaporare la gioia di essere salvato. In effetti, a noi, po-
vere creature esposte al peccato, è dato di godere del
dono della salvezza solo attraverso l'esperienza del perdono: lo si legge anche nell'inno del *Benedictus*: «Per
dare al suo popolo la conoscenza della salvezza / nella
remissione dei suoi peccati» (Luca 1,77).

«Un cuore affranto e umiliato tu, o Dio, non disprez-
zi». Occorre ammettere che Davide, grazie alla luce che
ha ricevuto per mezzo del profeta Natan, alla fine ha
sentito una "fitta al cuore", proprio come accadde a coloro che il giorno di Pentecoste a Gerusalemme ascolta-
rono le parole dell'apostolo Pietro (cf. Atti 2,36). Chi sa
di essere peccatore e si riconosce tale sa che un cuore
«affranto e umiliato» può essere solo ed esclusivamente
dono di Dio e Dio non può disprezzare ciò che è frutto del
suo amore misericordioso. La vera religione non si
esaurisce mai in atti esterni o in prescrizioni legalisti-
che, ma è sempre questione di cuore. «L'uomo infatti –
si legge in 1 Samuele 16,7 – vede l'apparenza, Dio invece vede il cuore». Non solo Dio "vede nel cuore" ma lo
abita come creatore e Signore. Lui solo lo può guarire,
se necessario, da ogni malattia mortale.

A questo punto possiamo comprendere il senso esatto delle prime invocazioni di Davide. Il salmo ci presenta tre trinomi, attorno ai quali vogliamo ora fissare la nostra meditazione:

«Pietà, misericordia, clemenza»: il primo sguardo Davide lo fissa non su se stesso ma su Dio e lo riconosce per quello che è: amore viscerale, misericordioso e sempre disposto al perdono. Segno di grande fede, questo: una fede che ci àncora direttamente a Dio. È questo il primo atteggiamento che dovremmo assumere anche noi quando ci accostiamo al sacramento della penitenza o quando personalmente chiediamo perdono a Dio per i nostri peccati.

«Cancella, lavami, purificami»: questi tre verbi, nella lingua ebraica, sono in forma intensiva e questo significa che essi intendono esprimere il concetto che Dio, se interviene, deve intervenire da Dio, cioè mettendo in atto tutta l'onnipotenza di cui è capace. E noi sappiamo dalla liturgia che la sua onnipotenza il Signore ama manifestarla soprattutto nel perdonare e nel dare sfogo alla sua misericordia. Se non crediamo in questa verità siamo delle persone meschine e condannate alla tristezza più nera.

«Il mio peccato, la mia colpa, il mio errore»: finalmente Davide guarda la sua attuale situazione e si riconosce peccatore; è doveroso farlo, anzi opportuno, perché ora il peccato viene come gettato nella fornace sempre ardente della divina misericordia. Davide lo fa usando tre sostantivi – peccato, colpa, errore – che, sotto diversi aspetti, descrivono la sua situazione di peccatore, consapevole della sua colpa e pentito per essa. Confessando il suo peccato, il peccatore ha tutto da guadagnare perché sa che Dio si commuove dinanzi a un peccatore pentito.

Come possiamo definire le lacrime di Davide dopo che, con l'aiuto della grazia, si è reso conto del peccato commesso? Indubbiamente egli prese coscienza della gravità di ciò che aveva fatto quando disse: «Contro di te, contro te solo ho peccato, / quello che è male ai tuoi occhi io l'ho fatto». Una consapevolezza, quella di Davide, che non lo chiude ermeticamente in se stesso, ma lo apre fiduciosamente al suo Dio pietoso, misericordioso e clemente.

Quelle di Davide furono lacrime di pentimento, lacrime che salivano da un cuore sinceramente pentito e aperto a un cammino nuovo di fede e di servizio al Signore, lacrime che corrispondevano a una esplicita confessione, ma ancor più a un sincero e totale abbandono nelle braccia misericordiose di Dio. Lacrime di pentimento, dunque, ma anche lacrime di fiducia.

9. Il pianto per la morte del figlio

Di Davide, nel capitolo diciannove del secondo libro di Samuele, veniamo a conoscere anche le lacrime versate per la morte di Absalonne, suo figlio. Sappiamo che questo figlio degenere si era ingelosito del potere regale di Davide e aveva organizzato addirittura una rivolta contro il padre: un complotto che gli costerà caro, perché gli procurerà la morte.

Ma la paternità di Davide non si spegne a fronte di un tradimento così palese e sfacciato. Quando gli riferirono che Absalonne era stato ucciso in battaglia, Davide se ne uscì con queste espressioni: «Figlio mio, Absalonne, figlio mio, figlio mio Absalonne! Fossi morto io invece di te, figlio mio, figlio mio». Colui che era stato definito "un sanguinario" ora manifesta di quali sentimenti fosse capace il suo cuore di padre. Anche in questa circostanza possiamo conoscere chi era Davide non solo nei confronti di Dio, ma anche verso il prossimo.

> Fu riferito a Joab: «Ecco, il re piange e fa lutto per Absalonne». La vittoria in quel giorno si cambiò in lutto per tutto il popolo, perché il popolo sentì dire in quel giorno: «Il re è molto afflitto a causa del figlio» (2 Samuele 19,2-3).

Il dolore di Davide divenne anche il dolore del popolo e le lacrime del re ebbero un potere contagioso verso i suoi sudditi. Non sta forse nascosto un preciso insegnamento in questa sorta di contagio? Effettivamente, un dolore che non viene condiviso diventa quasi insopportabile. Se, quando piangi, ti trovi accanto un amico il tuo dolore si affievolisce e ti senti più sollevato. Soprattutto, in quel momento l'amico si rivela come un vero e autentico tesoro (cf. Siracide 6,14), un dono che indubbiamente Dio riserva ai suoi figli e figlie prediletti.

Il narratore riprende il suo racconto: «Il re si era coperto la faccia e gridava a gran voce: "Figlio mio Absalonne, Absalonne figlio mio, figlio mio"». Quando il dolore cresce a dismisura e le lacrime non bastano più a calmarlo, allora si finisce col gridare a gran voce. Uno solo è il contenuto di questo grido o lamento: il nome dell'amato. Sarei tentato di dire che in quel momento il nome del figlio, ripetuto più e più volte, diventa come un balsamo, qualcosa che riesce ad attutire il dolore stesso.

Chi mai potrà comprendere a fondo queste esclamazioni del re Davide? Occorrerebbe avere viscere paterne per poter condividere il dolore di quest'uomo e immaginare quanto amare fossero le sue lacrime per la morte del figlio Absalonne. Un'amarezza indescrivibile, che non ha eguali e purtroppo si realizza nella vita di non poche persone.

Chi mai potrà comprendere a fondo queste esclamazioni di Davide? Occorrerebbe avere viscere paterne per comprendere cosa significa avere un figlio, sia pure degenere e ribelle, e vederselo strappare improvvisamente. Un dolore incolmabile, che lascia certamente un solco profondo nel cuore di un genitore.

Chi mai potrà comprendere a fondo queste esclamazioni di Davide? Occorrerebbe avere viscere paterne per entrare nella situazione di Davide affranto per tanto dolore e incapace di ricevere consolazione. Solo chi l'ha sperimentato nella sua vita potrebbe prendere la parola e dire. Nel dolore di Davide, come in quello di tanti padri e madri, possiamo intuire quale sia il dolore di Dio per la sorte spirituale di tanti suoi figli e figlie.

10. Le lacrime di Giobbe

Conosciamo tutti la triste storia di Giobbe, così efficacemente descritta nei primi due capitoli del suo libro e poi poeticamente sviluppata nei restanti quaranta. Un uomo duramente provato nella tremenda piaga della lebbra e nella privazione di tutti i suoi beni, materiali e spirituali. Considereremo il libro di Giobbe nella sua totalità, nella certezza di poter attingere da esso tutta quella luce che riuscirà a illuminare la sua vita: una luce mista a molte ombre, come del resto è la vita di tutti noi.

Un uomo abbandonato persino da sua moglie e praticamente sbeffeggiato dai suoi cosiddetti "amici". Questi si presentano nelle vesti di consolatori, ma in effetti essi non fanno altro che aggiungere dolore a dolore. Bisogna sempre guardarsi dai falsi consolatori che, con troppa facilità, si offrono per un servizio del quale non abbiamo bisogno.

Ma non sono solo questi i personaggi che entrano nella scena: ci stanno anche Dio e Satana. A Dio Giobbe rivolge questo lamento:

> Quando io dico: «Il mio giaciglio mi darà sollievo,
> il mio letto mi allevierà il mio lamento»,
> tu allora mi spaventi con sogni
> e con fantasmi tu mi atterrisci...
> Fino a quando da me non toglierai lo sguardo
> e non mi lascerai inghiottire la saliva?
> (Giobbe 7,13-14.19)

Un lamento accorato e stringente: come potrà Dio non tenerne conto e non rispondere?

Nella seconda prova entra in scena anche Satana, personaggio che non possiamo dimenticare se vogliamo renderci conto esattamente tra chi si combatte non solo quella lotta, ma tutte le lotte della nostra vita terrena. Giobbe si presenta come icona di ogni uomo o donna che deve passare attraverso prove fisiche e/o morali che gli tolgono persino il fiato.

Se questa è la situazione nella quale Giobbe deve districarsi, dobbiamo pure chiederci se vi sono, e quali sono, le chiavi di lettura del suo dramma. Ci devono pure essere alcune chiavi di lettura, in un libro che, appartenendo all'intera Bibbia, al di là della sua bellezza artistica, nasconde certamente anche una intenzione pedagogica.

Una prima chiave di comprensione la troviamo in 1,21, dove Giobbe, alla fine della prima prova, assunto un atteggiamento penitenziale, proclama apertamente:

> Nudo uscii dal grembo di mia madre
> e nudo vi ritornerò.

Il Signore ha dato, il Signore ha tolto:
sia benedetto il nome del Signore.

Eppure la prova è stata dura:

A me sono toccati mesi di illusione,
e notti di affanno mi sono state assegnate...
La notte si fa lunga e sono stanco di rigirarmi fino
all'alba...
Ricoperta di vermi e di croste polverose è la mia
carne...
Ricordati che un soffio è la mia vita... (7,3-7).

Evidentemente la prova, pur tremenda, non ha spento in Giobbe la possibilità di parlare a Dio con confidenza e con coraggio, anche a costo di lottare con colui dal quale egli ha ricevuto tutto.

Stupenda la finale del libro, nella quale possiamo riconoscere una seconda chiave di lettura. In essa Giobbe confessa la sua povertà e pone la sua totale fiducia in Dio:

Comprendo che tu puoi tutto
e che nessun progetto per te è impossibile.
Chi è colui che, da ignorante,
può oscurare il tuo piano?
Davvero ho esposto cose che non capisco,
cose troppo meravigliose per me, che non comprendo.
Ascoltami e io parlerò,
io ti interrogherò e tu mi istruirai!
Io ti conoscevo solo per sentito dire,
ma ora i miei occhi ti hanno veduto.
Perciò mi ricredo e mi pento
sopra polvere e cenere (42,2-6).

Una confessione vera e propria, quella di Giobbe: riconosce la sua infinita piccolezza e si vergogna della sua presunzione. Solo alla presenza di Dio e ponendosi in ascolto della sua Parola, Giobbe riesce a "leggere" con chiarezza nella sua vita fino a sottomettersi alla sua misteriosa e ineludibile volontà.

Ambedue le chiavi di lettura ci riportano alla fede incrollabile di Giobbe il quale, proprio nelle sofferenze che deve patire, non senza qualche fatica riesce a riconoscere il dito della provvidenza. Segno inequivocabile di una sapienza eccezionale, che può fiorire solo all'ombra della croce di Cristo o nell'esperienza di un dolore che prelude ed è profezia di quello di Cristo. Per questo gli studiosi sono concordi nel sottolineare il valore universale di questo libro e della vicenda di Giobbe.

Le lacrime di Giobbe vogliono essere interpretate dentro le situazioni di vita nelle quali si è trovato. Se è vero, come si pensa generalmente, che Giobbe è modello di pazienza, è altrettanto vero che questa non deve essere intesa in senso prevalentemente passivo. La pazienza di Giobbe è piuttosto una virtù combattiva, l'atteggiamento virile di chi è pienamente consapevole della lotta che è chiamato a sostenere. È proprio il caso di dire che la pazienza è la virtù dei forti.

11. Un proverbio pungente

«Chi punge un occhio lo fa lacrimare, / chi punge un cuore ne scopre il sentimento»: così si legge in Siracide 22,19. Niente di più ovvio, verrebbe spontaneo dire. Infatti l'occhio è un membro così delicato del nostro corpo che se qualcuno te lo punge non puoi non piangere. Non sta certamente qui l'insegnamento del proverbio che vado a commentare. Dove sta, dunque, la verità che vuole comunicarci?

Per capire questo proverbio, come del resto molti altri sparsi nei cosiddetti libri sapienziali della Bibbia, occorre richiamare alcune nozioni sulla letteratura sapienziale biblica, sulla mentalità sapienziale e sul metodo sapienziale che ne deriva. In estrema sintesi, possiamo dire che i sapienti d'Israele intendevano offrire un insegnamento a partire dalle situazioni più svariate che la vita o la storia, passata e presente, offrono. Essi erano convinti che c'è sempre molto da imparare da ciò che accade nella vita nostra o altrui: basta osservare attentamente e rifletterci con un pizzico di intelligenza. In effetti chi osserva attentamente le cose che succedono può imparare molto. Come nel nostro caso.

È chiaro dunque che l'autore non è interessato solo a richiamare una cosa ovvia, un fatto scontato, una puntura che provoca il pianto, ma punta direttamente l'obiettivo della sua mente sulla seconda parte del proverbio, quella che mira a descrivere una situazione umana alla quale possiamo essere interessati tutti. L'autore si serve del paragone, una puntura all'occhio, per illustrare una verità altra, assai più importante: una puntura al cuore; è questa che gli preme illustrare.

A questo punto possiamo capire qualcosa di più se ci chiediamo: che cosa significa "pungere il cuore"? Si tratta infatti di una metafora che richiede di essere interpretata. E qui è solo l'esperienza che ci soccorre. Quante volte, più o meno avvertitamente, ci siamo trovati a versare lacrime per una puntura di insetti o per l'urto di un corpo estraneo! Ma quante più volte siamo stati sconvolti da una puntura al cuore!

Non mi vergogno di ammettere che anch'io personalmente mi sono trovato in situazioni simili a quella ipotizzata dal proverbio. Infatti, anni addietro, una persona mi fece una osservazione (ma non è l'unica esperienza che ho fatto e riconosco che, sia pure a malincuore, ho sempre sentito come una "puntura al cuore"); una puntura che lì per lì mi sorprese non poco, ma nello stesso tempo mi costrinse a pensarci su, diciamo a fare come un esame di coscienza. Alla fine ho dovuto ammettere che quella "puntura" è stata provvidenziale e benefica per me: essa mi ha aperto gli occhi e mi ha costretto a "leggermi dentro", cioè a sondare nel più profondo del mio cuore per fare luce dentro di me, per togliere quella penombra che lo avvolgeva, per rendermi conto della situazione nella quale mi trovavo. Fu una grazia, dunque, e oggi lo riconosco con grande serenità.

È proprio vero, allora, che «chi punge un cuore ne scopre il sentimento». Per scoprire i sentimenti, che stanno nascosti e quasi sopiti nel cuore dell'uomo, è dunque necessario che qualcuno lo punga. Sì, perché molto spesso purtroppo ciò che sentiamo non trova piena corrispondenza in ciò che diciamo e nei comportamenti che assumiamo. Come possa accadere che una puntura ti arrivi al cuore non è difficile intuirlo: ti capita quando meno te lo aspetti e ti trovi come smantellato nel tuo intimo. Senza chiederti permesso, qualcuno ha violato la tua intimità e tu ti sei trovato a piangere più di quando ti viene punto un occhio.

Benedetta puntura! Verrebbe spontaneo dire.

12. I lamenti di Geremia

Quando si parla di "geremiadi" inequivocabilmente ci si riferisce alle profezie del grande profeta che, per le vicende di grande sofferenza attraverso le quali è passato, è considerato icona e profezia del Messia. È questa la prospettiva nella quale dobbiamo considerare i lamenti di Geremia. Ma l'espressione "geremiadi", a mio avviso, deve essere liberata da quella accezione lamentosa che solitamente le viene attribuita. I lamenti di Geremia hanno ben altro valore perché essi sono provocati non da un cuore triste e affranto, ma dal vissuto, dalla storia.

Sappiamo che la missione del profeta Geremia è iniziata nel segno della costruzione e della demolizione: «Non temerli – gli dice il Signore, quando lo chiama a essere profeta –. Ecco io ti costituisco per sradicare e per demolire, per distruggere e per abbattere, per edificare e per piantare». Ma Geremia si permette di obiettare: «Ahimè, Signore, ecco io non so parlare perché sono giovane». Allora il Signore lo rincuora: «Non dire:"Sono giovane", ma va' da coloro ai quali ti manderò e annunzia loro quanto ti ordinerò» (1,4-10).

Dicendo: «Sono giovane, non so parlare», Geremia manifesta fin dall'inizio la sua incertezza, la sua inadeguatezza, persino i suoi timori di non essere all'altezza della missione alla quale sta per essere chiamato. Le cosiddette "confessioni" (cf. 11,18-29; 15,10-21; 17,4-18; 18,18-23; 20,7-18), alle quali sostanzialmente mi riferirò, sono nello stesso tempo una conferma e uno sviluppo di questa vocazione profetica, quanto mai problematica e contrastata. E quale vocazione, che sia autentica, presto o tardi non si rivela come un vero dramma?

Ripercorrere il cammino di Geremia per noi sarà come entrare in sintonia con la vita di colui che più di ogni altro profeta ha annunciato la venuta del Messia, non tanto a parole quanto piuttosto con le sue sofferenze e le sue lacrime: «I miei occhi grondano lacrime / notte e giorno, senza cessare» (14,17). Si direbbe che con le sue lacrime, che non lo abbandonano mai, Geremia partecipa e condivide le sofferenze del Signore per il suo popolo. È questa la missione che necessariamente sgorga da ogni vocazione profetica.

«Ero come un agnello mansueto che viene portato al macello» (11,19): più che di lacrime qui si tratta di totale disponibilità al sacrificio di se stesso. Esso dice molto di più e, nello stesso tempo, non può non comportare anche le lacrime. Geremia è uno di quei profeti che si sono resi eloquenti e credibili con la loro stessa vita.

«Me infelice, madre mia, che mi hai partorito» (15,19): questa infelicità non è quella passeggera di un momento delicato della propria vita, ma risale allo stesso concepimento e al parto, fino alle origini dello vita. Certo, per dire che tutta la vita dell'uomo sulla terra è paragonabile a una dura battaglia (cf. Giobbe 7,1), che spesso provoca non poche amarezze e lacrime.

«Maledetto l'uomo che confida nell'uomo» (17,5): in questa espressione riconosciamo certamente una certezza di fede, che trova più adeguata espressione nel versetto che segue: «Benedetto l'uomo che confida nel Signore»; ma possiamo anche vedere un'amara constatazione, che si traduce addirittura in una maledizione. È come dire che chi pone la sua fiducia nelle creature si troverà ben presto deluso e dovrà versare lacrime amare.

«Prestami ascolto, Signore, / e odi la voce dei miei avversari» (18,18): consapevole di non essere in grado di difendersi da solo a fronte di tanti nemici che lo vogliono a morte, Geremia si rivolge al Signore per assicurarsi del suo pronto ed efficace intervento. Una preghiera, quella di Geremia, certamente accompagnata da lacrime ma pur sempre intrisa di grande fiducia.

«Mi hai sedotto, Signore, e io mi sono lasciato sedurre» (20,7). Qui raggiungiamo certamente l'apice delle confessioni di Geremia. Egli, che avrebbe volentieri seguito un'altra strada, si è trovato a essere profeta contro la sua volontà; si è sentito come violentato dalla potenza di un Dio che aveva messo gli occhi su di lui e lo voleva come suo profeta. Ma quante contrarietà, quante incertezze, quante lacrime ha dovuto versare Geremia per questa sua indesiderata professione!

13. Lacrime di consolazione

È impressionante quanto si legge nel libro di Neemìa al capitolo ottavo. Quando si diede lettura del "libro della Legge" tutto il popolo si mise a piangere. Ecco quello che dissero Neemìa, il governatore, Esdra, sacerdote e scriba, e i leviti che ammaestravano il popolo:

> «Questo giorno è consacrato al Signore nostro Dio;
> non fate lutto e non piangete». Perché tutto il popolo
> piangeva mentre ascoltava le parole della Legge. Poi
> Neemìa disse loro: «Andate, mangiate carni grasse e
> bevete vini dolci. Non vi rattristate perché la gioia del
> Signore è la nostra forza» (Neemìa 8,8-10).

Nella sua disarmante semplicità questo racconto contiene e trasmette non pochi messaggi che è opportuno esplicitare: anzitutto il fatto singolare e del tutto eccezionale che il popolo piangeva nell'ascoltare la parola di Dio, veicolata e proclamata dal "libro della Legge". Quando mai ciò accade nelle nostre assemblee liturgiche? Quando mai qualcuno di noi si è commosso fino alle lacrime nel leggere o nell'ascoltare la parola di Dio? Eppure questo dovrebbe accadere, se avessimo piena consapevolezza di cosa significa ascoltare la parola di Dio, se sapessimo il grande dono che riceviamo ogni volta che Dio in persona ci parla attraverso la parola scritta e/o proclamata.

A proposito del rapporto tra parola di Dio e lacrime, mi è caro riferire questa testimonianza di papa Francesco: «Se voi vedeste la mia Bibbia! Un libro così sciupato! Potreste regalarmene una nuova ma io non la vorrei! Amo la mia vecchia Bibbia, che ha accompagnato metà della mia vita. Ha visto le mie gioie, è stata bagnata dalle mie lacrime». Mi sia consentito dire che anch'io mi sento indissolubilmente legato alla "mia vecchia Bibbia" per le stesse ragioni.

In secondo luogo dobbiamo rilevare il significato dell'invito dei capi a "non fare lutto", ma a "mangiare e bere": ovviamente questo è scritto non per sottovalutare o squalificare le lacrime del popolo, ma per suscitare nel popolo sentimenti di ringraziamento al Signore, e quindi di gioia. Indubbiamente a tavola la gioia cresce e si comunica con estrema facilità. Nella vita dobbiamo certamente imparare a piangere quando è necessario, ma anche a gioire nelle dovute maniere. Ricordo l'insegnamento di un grande uomo di Chiesa, il cardinale Anastasio A. Ballestrero, il quale diceva: «A tavola non si lavora, ma si mangia e si dialoga».

La motivazione prima e ultima di questo invito è subito detta: «Perché questo giorno è consacrato al Signore, nostro Dio». Quando si celebra il giorno del Signore ci si deve abbandonare alla gioia proprio perché, come vedremo tra poco, è Lui, il Signore, a gioire per primo. Come popolo eletto e diletto ci sentiamo come travolti dall'amore di un Dio che ci vuole contenti e gioiosi. Verrà pure un tempo nel quale non dovremo più versare lacrime ma vivremo nella pace!

Ma quello che più impressiona e che attira ora la nostra attenzione è quanto segue: «Perché la gioia del Signore è la nostra forza». Ci saremmo forse aspettati il contrario: la forza del Signore è la nostra gioia. E invece no! Il Signore è il primo a gioire quando il popolo da Lui eletto, il popolo tanto amato si rivolge a Lui desideroso di ascoltarne la voce e di assecondare il Suo volere. Allora le lacrime cedono il posto alla gioia ed è festa per tutti.

14. Le lacrime nel libro di Tobia

Quello di Tobia è uno dei libri didattici del primo Testamento. È il racconto del viaggio che Tobia, figlio di Tobi, fa sotto la guida dell'angelo Raffaele fino a quando arriva a Ecbàtana, la città nella quale abita Raguele, padre di Sara.

Sara aveva visto morire ben sette mariti, tutti uccisi dal demonio cattivo, Asmodeo, prima che potessero unirsi a lei. È lei che piange per prima quando, in preda a una terribile crisi, pensa addirittura di suicidarsi: «In quel giorno ella soffrì molto, pianse e salì nella stanza del padre con l'intenzione di impiccarsi» (3,10). Ma, quando Tobia arriva nella casa di Raguele, la vicenda comincia a prendere i toni della gioia, pur mista a tristezza. Da questo punto in avanti direi che le lacrime si sprecano: piange Raguele quando riconosce Tobia come figlio di Tobi (7,6); piange Edna, moglie di Raguele, quando conduce la figlia alla camera da letto (7,16). Piange anche Gabael nel benedire Tobia con parole beneauguranti (9,6). Poi sarà Anna, moglie di Tobi, a piangere mentre riabbraccia il figlio suo, ritornato sano e salvo (11,9). Infine, l'anziano padre, Tobi, «si buttò al collo (del figlio) e pianse dicendo: "Ti vedo, figlio, luce dei miei occhi" e aggiunse: "Benedetto Dio! Benedetto il suo grande nome!"» (11,13-14).

In questo contesto, ampiamente caratterizzato dalle lacrime di tanti personaggi, si pone la stupenda preghiera degli sposi novelli:

> Benedetto sei tu, Dio dei nostri padri e benedetto per tutte le generazioni il tuo nome! Ti benedicano i cieli e tutte le creature per tutti i secoli! Tu hai creato Adamo e hai creato Eva, sua moglie, perché gli fosse di aiuto e di sostegno. Da loro due nacque tutto il genere umano. Tu hai detto: «Non è cosa buona che l'uomo resti solo, facciamogli un aiuto simile a lui». Ora non per lussuria io prendo questa mia parente, ma con animo retto. Dégnati di avere misericordia di me e di lei e di farci giungere insieme alla vecchiaia (8,5-7).

Il testo sacro non parla delle lacrime di Sara e Tobia, ma non si fa fatica a pensare che anch'essi abbiano effuso lacrime abbondanti: lacrime di desolazione nel momento della crisi, lacrime di commozione per la gioia del traguardo raggiunto e lacrime di ringraziamento a Dio per essere stati liberati dalle insidie del Maligno. Sono molte e svariate, anche per noi, le occasioni e le motivazioni per piangere. È da sapienti accoglierle come grazia, come doni del Signore: animati dalla fede, certo, ma anche dalla speranza che verrà presto il tempo della consolazione e della gioia, quella vera.

15. Per amore della Legge

Il salmo più lungo della serie, il Salmo 119(118), con ben 176 versetti suddivisi in ventidue strofe (quante sono le lettere dell'alfabeto ebraico), non è altro che un lungo elogio della Legge o *Toràh*. Ma dobbiamo rilevare

che per "Legge" si intende l'insegnamento rivelato da
Dio al suo popolo; non dunque le tante prescrizioni le-
gali o rituali di cui è ricco il primo Testamento (gli ebrei
ancora oggi si sentono legati a più di seicento precetti),
ma piuttosto la sintesi di quello che il Dio d'Israele volle
consegnare e consegna al popolo eletto in vista della
salvezza. «Si ha, in questo salmo, uno dei monumenti
più caratteristici della pietà israelitica alla rivelazione
divina» (BJ).

Il salmo si presenta anche come una meditazione sapienziale sulla legge divina, che viene descritta con una
serie di termini che ricorrono puntualmente in ognuna
delle ventidue strofe: "insegnamenti, precetti, decreti,
comandi, giudizi, le vie, la parola, la promessa". Sono
altrettante articolazioni del termine "Legge", che le rias-
sume e sintetizza tutte. La *Toràh* perciò non va intesa
come una raccolta di prescrizioni – cose da fare o da evi-
tare – ma come rivelazione della volontà di Dio, di quello che piace a Dio e che egli attende dalle sue creature.

La quarta strofa, che inizia con la quarta lettera
dell'alfabeto ebraico, si caratterizza per una tonalità di
mestizia e di tristezza che impressiona: «La mia vita è
incollata alla polvere, / fammi vivere secondo la tua parola». A questa prima lamentazione fa seguito quest'altra: «Io piango lacrime di tristezza; / fammi rialzare secondo la tua parola». "Piangere lacrime di tristezza"
lascia intendere facilmente lo stato d'animo di chi sta
lottando per conservare intatte la sua fede e la sua speranza in Dio.

Non è affatto difficile immaginare il "mare di guai"
nel quale si trova l'orante; una "vita incollata alla polvere" è immagine che lascia trasparire una situazione
di estrema sofferenza e forse anche di abbandono totale.
D'altro canto "le lacrime di tristezza" di cui si parla non

lasciano spazio ad alcuna illusione. L'orante si confida totalmente al suo Dio nella certezza, sostenuta dalla fede, che Lui lo ascolta ed esaudirà la sua supplica. Il Signore non può tardare a intervenire, sospinto dal suo amore materno e paterno.

Accanto al tema delle lacrime, intimamente intrecciati ad esso, ricorrono altri due pensieri; dapprima una grande fiducia nell'intervento di Dio: «Insegnami i tuoi decreti... Donami la grazia della tua legge». Il grande dolore che affligge il salmista rende ancora più sincera la sua domanda. Egli ormai ha acquisito la certezza che per vivere nella pace occorre abbracciare con gioia la legge del Signore. Se non conosco quello che gli piace come posso conformare la mia vita alla Sua volontà?

E poi viene la netta affermazione della fedeltà dell'orante alla Legge: «Ho scelto la via della fedeltà... Ho aderito ai tuoi insegnamenti». L'orante passa dal proposito alla realtà, dalla preghiera alla confessione: intende far conoscere a Dio le scelte fondamentali della sua vita. Ancor prima della *confessio peccatorum* deve venire la *confessio vitae* o, quanto meno, la deve accompagnare.

Le lacrime accompagnano la vita di questo pio israelita, che professa candidamente il più assoluto attaccamento al suo Signore e alla Legge, ma alla fine esse scompaiono in una dichiarazione che sorprende e commuove: «Corro sulla via dei tuoi comandi, / poiché hai dilatato il mio cuore». Non è forse vero che il nostro cuore si dilata enormemente quando, con la grazia di Dio, riusciamo a superare certi momenti di crisi nei quali ci sembrava di soccombere? Quante volte abbiamo constatato con grande sollievo che è stato lui, lui solo, il Signore, a liberarci dalle angustie, venendo quasi ad asciugare le nostre lacrime!

Dal nuovo Testamento

Passando dal primo al nuovo Testamento avvertiamo di essere favoriti da un ambiente più vicino a noi e da un linguaggio più simile al nostro. È molto più facile per noi oggi ricostruire talune situazioni nelle quali sono venuti a trovarsi sia Gesù sia l'apostolo Paolo o altri personaggi che si affacceranno alla ribalta della nostra ricerca.

In effetti incontreremo pagine estremamente umane, tutte intrise di sentimenti a un tempo delicati e forti, che albergano in cuori sensibili; sentimenti per lo più condivisi fino a creare una sinfonia piacevole, pur caratterizzata da dolori e lacrime. E noi, benché consapevoli della nostra pochezza, cercheremo di condividerli.

Incontreremo soprattutto due personaggi, che finiranno col diventare nostri maestri. Da un lato Gesù, il quale non ha disdegnato di coltivare vere e proprie amicizie – che in alcune circostanze gli hanno strappato anche delle lacrime – attraverso le quali ci ha mostrato la sua vera e autentica umanità. Direi che Gesù, durante il suo ministero pubblico, ha dimostrato di avere quasi bisogno di essere accompagnato e accolto da amici.

E poi l'apostolo Paolo il quale, pur con un carattere forte e un temperamento fortissimo, si è sentito strappare le lacrime in situazioni che lo hanno coinvolto non solo come apostolo ma anche come uomo. Potremo così entrare nel più intimo del cuore di Paolo e saggiare la parte più genuina della sua umanità.

Avremo modo di riflettere su ambedue questi personaggi e constateremo direttamente quanto la passione apostolica coinvolgesse totalmente la loro umanità. Gesù e Paolo possiamo davvero considerarli come due modelli incomparabili e sommamente apprezzabili.

I due riferimenti al libro dell'Apocalisse ci aiutano invece a considerare la dimensione escatologica della nostra situazione di pellegrini, che vanno piangendo e gemendo in una valle di lacrime ma attendono il momento della definitiva liberazione.

1. Le lacrime del Servo sofferente

Questa omelia – perché tale è la cosiddetta lettera agli Ebrei – ci presenta la figura di Cristo «sacerdote, scelto tra gli uomini, costituito per il bene degli uomini, nelle cose che riguardano Dio» (5,1). Ma dobbiamo ricordare che il suo sacerdozio Gesù lo ha esercitato offrendo se stesso come vittima gradita a Dio sull'altare del suo corpo. È questa la grande novità del sacerdozio di Cristo: non più la divisione tra sacerdote, vittima e altare, ma la più perfetta sintesi dei tre elementi. Infatti, non si è sacerdoti tanto o solo per quello che si fa, ma per quello che si è.

Quello di Gesù è stato un sacerdozio esercitato non solo nel momento della passione e morte; esso ha caratterizzato tutta la sua vita. Infatti «egli nei giorni della sua vita terrena offrì preghiere e suppliche, con forti grida e lacrime a Dio che poteva salvarlo da morte e, per il suo pieno abbandono a lui, fu esaudito» (5,7). Ogni gesto, ogni incontro, ogni azione del suo ministero pubblico, per Gesù fu una manifestazione sincera ed efficace del suo essere sacerdote.

Un sacerdozio, dunque, quello di Cristo, fatto di "preghiere e suppliche, di grida e lacrime", direi un sacerdozio feriale, che entra nelle trame, anche le più nascoste, della vita quotidiana. Tale deve essere anche il nostro sacerdozio, sia quello battesimale sia quello ordinato. Non siamo chiamati a fare qualcosa di straordinario, ma ad essere e vivere in modo conforme alla chiamata ricevuta. Proprio come Gesù, del cui sacerdozio, come insegna il concilio Vaticano II, siamo tutti partecipi in virtù del sacramento del Battesimo:

> I laici derivano il dovere e il diritto all'apostolato dalla loro stessa unione con Cristo capo. Infatti, inseriti nel corpo mistico di Cristo per mezzo del battesimo, fortificati dalla virtù dello Spirito santo per mezzo della cresima, sono deputati dal Signore stesso all'apostolato. Vengono consacrati per formare un sacerdozio regale e una nazione santa, onde offrire sacrifici spirituali mediante ogni attività e testimoniare dappertutto il Cristo.[1]

Ma qual è il significato da attribuire alle lacrime di cui parla questa omelia? Sono da interpretare come una semplice metafora o possono e devono essere interpretate realisticamente? Alla luce delle memorie evangeliche tramandateci, e da noi in parte meditate in questo libro, dobbiamo riconoscere che l'autore di questa omelia le considera con sano realismo. Più volte Gesù ha pianto: non per se stesso ma a causa degli altri. Gesù ha pianto perché vero uomo, nella sua qualità e missione di redentore: anche le sue lacrime perciò hanno avuto valore redentivo.

---

[1]   *Apostolicam Actuositatem*, 3; cf. anche *Lumen Gentium*, 10.

Ciò che dai profeti era stato annunciato:

> Io sono come acqua versata,
> sono slogate tutte le mie ossa.
> Il mio cuore è come cera,
> si scioglie in mezzo alle mie viscere.
> Arido come un coccio è il mio vigore,
> la mia lingua si è incollata al palato,
> mi deponi su polvere di morte
> (Salmo 22(21),15-16).

> L'insulto ha spezzato il mio cuore
> e mi sento venir meno
> (Salmo 69(68),21).

si è realizzato nella vita di Gesù con una concretezza che sorprende e commuove.

Piangere, da piccoli e da grandi, è più o meno il destino di tutti; ma è privilegio di pochi fare del pianto uno strumento di quell'amore che il Padre ci ha partecipato nel Battesimo e ci ha fatto fratelli di Gesù. Allora nell'esperienza del pianto noi possiamo riconoscere una buona opportunità per rispondere a una chiamata di Dio. Allora piangendo noi partecipiamo effettivamente alla missione redentiva di Gesù.

2. I gemiti della creazione

L'espressione ricorre nel capitolo ottavo della lettera dell'apostolo Paolo ai cristiani di Roma. In questa pagina dell'epistolario paolino, una delle più belle e più toccanti, si parla esplicitamente più volte di "gemiti": vale la pena che andiamo alla ricerca del pensiero che Paolo intende esprimere e comunicarci. Indubbiamente esiste una certa affinità tra gemiti e lacrime.

Una prima volta si afferma che «tutta la creazione geme e soffre fino ad oggi nelle doglie del parto» (8,22). Ora, è lecito domandarsi: con quale intenzione Paolo applica l'immagine dei dolori del parto alla creazione? Secondo alcuni esegeti questa immagine «esprime allo stesso tempo uno stato attuale doloroso e l'attesa di uno stato glorioso futuro». Fuori metafora, invita all'esercizio di due virtù: la pazienza e la speranza, con la precisazione che nell'esercizio di queste virtù l'uomo trascina con sé tutta la creazione inanimata, in vista della comune partecipazione alla gloria di Cristo risorto. Dovremmo avere o farci un sesto senso per riuscire a percepire questi "gemiti della creazione".

Una seconda volta, invece, si dice che «anche noi che possediamo le primizie dello Spirito gemiamo interiormente aspettando l'adozione a figli, la redenzione del nostro corpo» (8,23). L'apostolo intende affermare che la nostra adozione a figli di Dio è certamente già acquisita, ma aspettiamo ancora la piena manifestazione dei suoi effetti, segnatamente la redenzione del nostro corpo. Anche con questa riflessione Paolo ci invita a coltivare la virtù della speranza. Aggiunge infatti: «Perché è nella speranza che noi siamo stati salvati». Qui cogliamo il valore squisitamente teologico della virtù della speranza, che non dovremmo mai ridurre a una semplice attesa di qualcosa di bello e di appagante.

Un terza volta si afferma: «Allo stesso modo anche lo Spirito viene in aiuto alla nostra debolezza perché nemmeno sappiamo quello che è conveniente domandare, ma lo Spirito stesso intercede con insistenza per noi con gemiti inesprimibili» (8,26). Dicendo "allo stesso modo" è chiaro che l'apostolo intende riferirsi ai gemiti della creazione e così imprime una forte unità a tutto il suo discorso. Anche lo Spirito Santo perciò geme con noi, soprattutto quando preghiamo, per dare senso ed efficacia alla nostra preghiera.

Ne risulta che sono tre "i gemiti" dei quali parla l'apostolo: i gemiti della creazione, i gemiti del cristiano e i gemiti dello Spirito. Reputo che i gemiti della creazione e i gemiti del cristiano debbano essere intesi alla luce di quelli dello Spirito. Ora, come è stato detto ai vv. 15-17 di questo capitolo, l'attività dello Spirito consiste nel farci vivere e percepire la nostra dignità di figli di Dio: figli «non più schiavi»; figli adottivi per cui possiamo gridare «Abbà, padre!»; figli e perciò eredi: «Eredi di Dio e coeredi di Cristo».

Come è risaputo, questa pagina paolina termina con quello che giustamente viene chiamato "l'inno all'amore": «Se Dio è per noi chi sarà contro di noi? Egli che non ha risparmiato il proprio figlio, ma lo ha dato per tutti noi, come non ci donerà ogni cosa insieme con lui? Chi accuserà?... Chi condannerà? Chi ci separerà dall'amore di Cristo?». La risposta sgorga spontanea dal cuore di Paolo: «Ma in tutte queste cose noi siamo più che vincitori per virtù di colui che ci ha amati». È dalla nostra vocazione originaria, perciò, che sgorga per ciascuno di noi la possibilità della vittoria sulle forze del Male. Ma, a ben considerare le cose, non siamo tanto noi a vincere, quanto piuttosto lo Spirito del risorto Signore che canta vittoria in noi e con noi.

Dal complesso ricaviamo un insegnamento decisamente importante: nella preghiera, ma non solo in essa, dobbiamo imparare a creare sintonia tra i gemiti del nostro spirito, aperto ai gemiti della creazione, e i gemiti dello Spirito Santo. E questo sarà possibile se nella preghiera portiamo tutta la nostra vita e se prestiamo ascolto a quello che lo Spirito sussurra in noi e tra di noi.

3. Le lacrime dell'amicizia

È l'evangelista Giovanni che nel capitolo undicesimo del suo vangelo fa conoscere una delle memorie evangeliche che solo lui ha raccolto e ci ha trasmesso. Segno di una sua speciale sensibilità, che lo rende estremamente vicino a noi e ci consente di intuire la sua calda umanità. Non c'è alcun dubbio, infatti, che questo evangelista ha saputo mettere la sua umanità a servizio del Vangelo che è Gesù in persona.

Di questo racconto, cercherò di dare rilievo ad alcuni "momenti" particolarmente significativi, che ci presentano Gesù profondamente commosso per la morte dell'amico Lazzaro, tanto da non riuscire a trattenere le lacrime. Abbiamo certamente molto da imparare dalla meditazione di questo episodio: è l'evangelista Giovanni, un altro amico di Gesù, colui che nell'ultima cena ebbe il privilegio di posare il capo sul petto di Gesù (cf. Giovanni 21,20), che ci fa da guida.

Gesù, dunque, fa visita alle sorelle Marta e Maria proprio mentre il loro fratello Lazzaro giace morto nella loro casa. Fu un momento molto triste per Gesù perché egli era legato a Lazzaro da un'amicizia forte. Ci sono alcuni dettagli in questo racconto che tradiscono l'intensità e la profondità dell'amicizia di questi due personaggi:

> Gesù allora, quando vide Maria piangere e piangere anche i giudei che erano venuti con lei, si commosse profondamente, si turbò e disse: «Dove l'avete posto?». Gli dissero: «Signore, vieni a vedere!». Gesù scoppiò in pianto. Dissero allora: «Vedi come l'amava!» (Giovanni 11,33-36).

Sembra che l'evangelista voglia insistere sulla situazione psicologica di Gesù. «Si commosse profondamente e si turbò»: due verbi che nella lingua greca lasciano intendere come Gesù, in quella precisa circostanza, si sia sentito come ferito interiormente: ovviamente a motivo dell'amicizia che nutriva per Lazzaro. Solo un'amicizia forte può provocare dolori lancinanti nel cuore dell'amico: Gesù si è trovato in una di queste circostanze.

Anche solo a una prima lettura si avverte che nel racconto si intrecciano tre pianti: il pianto di Maria, quello dei giudei e il pianto di Gesù. Un intreccio che merita di essere districato perché ogni pianto ha caratteristiche proprie e non si oppone affatto al pianto degli altri. Tre soggetti diversi si alternano nel piangere per la morte di un'unica persona con la quale ovviamente avevano rapporti diversi.

Il pianto di Maria è motivato dal suo legame di sangue con Lazzaro: erano fratelli e ciò spiega a sufficienza la reazione di Maria. Probabilmente anche l'altra sorella, Marta, ha condiviso questo momento tragico della loro vita fino al pianto. La loro fede in Gesù era grande, ma ciò non impediva loro di trovare nel pianto un sollievo al loro dolore. Saranno le parole di Gesù a Marta che apriranno uno spiraglio alla speranza: «Io sono la risurrezione e la vita; chi crede in me, anche se muore vivrà. Credi tu questo?». Sembra quasi che Gesù voglia provocare Marta a credere: a credere in Lui che è «la risurrezione e la vita». Lo dimostrerà nel suo mistero pasquale, ma lo è fin d'ora. Non c'è alcun dubbio che vi sia molto di vero in questa ipotesi.

Anche Maria, pur con le lacrime agli occhi, esprime la sua fiducia: «Signore, se tu fossi stato qui, mio fratello non sarebbe morto». Non è una mera ipotesi quella formulata da Maria in questo momento, ma quasi un atto di fede. Maria sa che, come Gesù in altre circostanze ha guarito i malati e fatto risorgere i morti, può fare lo stesso a favore di suo fratello.

A questo punto Gesù passa all'azione. Egli dunque non si limita a piangere ma, mosso dalla compassione, si determina a fare il miracolo. Quello di Gesù pertanto è un pianto operativo, efficace; ciò per cui piange lo spinge a eliminare la causa del pianto: la morte dell'amico. Non ogni pianto possiede questa capacità; sotto questo profilo il pianto di Gesù per l'amico Lazzaro è unico e irripetibile. In questo miracolo l'umanità e la divinità di Gesù si manifestano nella loro indissolubile unità.

Il pianto dei giudei può essere definito un "compianto" nel senso che essi intendono partecipare al dolore delle sorelle dall'esterno. Il loro è piuttosto un gesto di compassione, suggerito dalla convenienza e dai costumi locali. Queste lacrime non nascono dal cuore e tanto meno arrivano al cuore. Eppure, in una società come quella, anch'esse hanno il loro valore: sono un segno imperfetto ma comprensibile di partecipazione fraterna al dolore altrui.

Il pianto di Gesù è certamente quello che maggiormente attira la nostra attenzione nel desiderio di capire, fin dove è possibile, la sua relazione di amicizia con Lazzaro. Raramente gli evangelisti riferiscono circa il pianto di Gesù, ma quando lo fanno intendono certamente illuminare, come in questo caso, la sua umanità. Per Gesù, come per noi, le lacrime non sono necessariamente segno di debolezza ma sono rivelatrici di un cuore sensibile e partecipe, un cuore ben nato e ben educato.

Dall'insieme del racconto giovanneo emerge chiaramente una certezza: è l'amicizia che spinge Gesù a piangere prima e poi a operare il miracolo. Il miracolo, dunque, non è fine a se stesso ma è in funzione di questa rivelazione. Certo, Gesù afferma con estrema chiarezza: «Io sono la risurrezione e la vita» dichiarando così apertamente la sua divinità. Ma indubbiamente in questa circostanza è stata anche e soprattutto la sua umanità a manifestarsi in tutta la sua concretezza. Quando si dice che l'amore fa miracoli!

4. Le lacrime delle pie donne

L'evangelista Luca narra di Gesù che, entrando nella città di Gerusalemme alla vigilia della sua passione, ha pianto su quella città (cf. 19,41-44). Qui l'evangelista lascia trasparire con estrema chiarezza un dato: mentre sale verso il Calvario, Gesù si dimostra più attento agli altri che a se stesso. Un dato che, mentre ci offre una notizia storica, ci permette anche di conoscere sempre meglio la psicologia di Gesù. Il Gesù di Luca, quello che Luca ci fa conoscere attraverso il vangelo da lui scritto, è sempre un Gesù estroverso, altruista, attento a tutti ma soprattutto ai poveri e ai peccatori.

Gesù non è solo mentre sale verso il Calvario: il suo cammino verso la croce, la sua *via crucis*, conosce la presenza e la partecipazione di molte persone che si dimostrano attente e sensibili per quello che sta accadendo, soprattutto verso colui che procede sotto il peso della croce. Chissà quante lacrime Gesù ha versato lungo tutto quel cammino!

Per esempio, quando incontra le donne di Gerusalemme (23,27-29), dopo aver fatto cenno a Simone di Cirene che porta la croce «dietro a Gesù», e alla «gran folla di popolo e di donne che si battevano il petto e facevano lamenti su di lui», voltandosi verso le donne Gesù dice: «Figlie di Gerusalemme, non piangete su di me, ma piangete su di voi stesse e sui vostri figli». "Battersi il petto" e "fare lamenti su di lui" sono espressioni che implicano una sofferta partecipazione al dolore di Gesù. Chi fa lamenti piange: le lacrime sono la manifestazione della sua volontà di condividere il dolore altrui.

La prima cosa da osservare sono le buone disposizioni del popolo verso Gesù, soprattutto in questa "ora" così drammatica della sua via. È una caratteristica di Luca quella di sottolineare il fatto che il popolo non partecipò alla condanna e, tanto meno, al supplizio inflitto a Gesù. Un commento e forse una profezia di tutto questo troviamo in Zaccaria 12,10-14:

> Riverserò sopra la casa di Davide e sopra gli abitanti di Gerusalemme uno spirito di grazia e di consolazione: guarderanno a me, colui che hanno trafitto. Ne faranno il lutto come si fa il lutto per un figlio unico, lo piangeranno come si piange il primogenito. In quei giorni grande sarà il lamento a Gerusalemme.

«Lo piangeranno come si piange il primogenito»: Gesù è l'unigenito del Padre e il primogenito delle creature; come unigenito egli non è soggetto alla sofferenza, ma in quanto primogenito lo è. Condividere il suo dolore e piangere con lui è la sorte e la grazia di chi lo riconosce come il proprio fratello e come il proprio redentore.

Con semplici pennellate che rivelano la sua arte, Luca ci aiuta a comporre il quadro della *via crucis,* una delle pratiche devozionali più belle perché direttamente fondata sulle memorie evangeliche; ma soprattutto ci invita a contemplare, come facevano quelle pie donne (v. 35), e ad ascoltare il Martire. Non c'è alcun dubbio infatti che, come hanno rilevato alcuni esegeti, l'evangelista Luca in tutto il suo racconto della passione, sulla falsariga del racconto del sette fratelli Maccabei (cf. 2 Maccabei 7), intende presentare Gesù come il Martire per eccellenza.

La compassione, unita al riconoscimento delle proprie colpe, di cui il pianto e il lamento sono segno: ecco l'esempio che ci lasciano queste donne!

5. Le lacrime di una madre vedova

Nel capitolo settimo del suo vangelo l'evangelista Luca narra dell'incontro di Gesù con una madre desolata, che stava portando alla tomba il corpo del suo unico figlio (7,11-17).

Una scena assai commovente che quasi strappa le lacrime anche a noi lettori. Dovremmo imparare a leggere i vangeli lasciandoci trasportare da quei moti dell'anima che tradiscono il grado della nostra partecipazione personale.

Parecchi dettagli di questo racconto meritano di essere commentati perché essi ci aiutano a cogliere il clima che si era creato in quel preciso momento. Un clima facilmente intuibile, se pensiamo anche solo alla solitudine in cui venne a trovarsi quella povera donna che, dopo aver perduto il marito, il compagno della sua vita, ora si trova anche privata dell'unico figlio.

Anzitutto dobbiamo notare il modo con il quale l'evangelista presenta il morto: «Figlio unico di madre vedova», un particolare che, nel suo spietato realismo, ci mette subito dinanzi al dramma in tutta la sua crudezza. Lui, il figlio, non è più; rimane solo la madre che piange a dirotto e attira l'attenzione di Gesù.

Il narratore commenta: «Vedendola il Signore ne ebbe compassione». Il verbo greco utilizzato da Luca è uno di quelli che esprimono una commozione così profonda che coinvolge persino le viscere: sarei tentato di dire che Gesù sperimenta un dolore tipicamente femminile, simile a quello del parto. Del resto Dio, nella Bibbia, non si presenta sia come padre sia come madre? È l'amore quindi che provoca in Gesù quella commozione così profonda.

«Non piangere»: non direi che questo sia da interpretare solo come un invito che Gesù rivolge a quella madre. Direi piuttosto che siamo di fronte a un comando: Gesù non sopporta di vedere quella donna piangere a dirotto, come solitamente fanno le mamme per la morte di un figlio. Gesù le comanda di non piangere più perché ormai è determinato a operare il miracolo.

«Toccò la bara e disse: "Giovinetto, dico a te, alzati!"»: quello di Gesù è un amore operativo, un amore efficace; esso infatti spinge Gesù a passare senza indugio dalle parole ai fatti. Non si accontenta, Gesù, di condividere le sofferenze di quella povera vedova – sarebbe troppo poco –, ma vuole restituirle il figlio tanto amato. Quale amore è quello che non ti spinge a fare, senza accontentarti di belle parole o di pii sentimenti?

Non deve assolutamente sfuggirci un dettaglio prezioso quant'altri mai: «Ed egli lo restituì alla madre». È un tratto di estrema gentilezza, rivelatore di una delicatezza d'animo che ben conosciamo in Gesù. Non è difficile ricostruire la scena: Gesù che prende il figlio tra le braccia e lo depone nelle braccia della madre, affinché essa ne possa godere di nuovo.

L'esclamazione finale delle folle: «Un grande profeta è sorto tra noi e Dio ha visitato il suo popolo» ci autorizza a pensare alle risurrezioni operate da Elia e da Eliseo (cf. 1 Re 17,17-24 e 2 Re 4,18-37). Anche là si tratta di un figlio di madre vedova; anche là troviamo una madre esasperata dal dolore; anche là Elia prende il corpo del figlio risuscitato e lo consegna alla madre; anche là, a conclusione del racconto, troviamo come una professione di fede in Dio e nel suo profeta. L'affinità tra i due racconti del primo e del nuovo Testamento non è solo letteraria ma anche teologica.

Sono tutte degne di sommo rispetto le lacrime versate da chiunque, ma le lacrime di una mamma sono sacre, soprattutto se versate sulla bara di un figlio unico. Gesù lo ha compreso e non poteva comportarsi diversamente.

6. Le lacrime dell'innamorata

È sempre commovente riflettere sulla vicenda di Maria Maddalena (cf. Giovanni 20,11-18) che, per pura grazia, ebbe il privilegio di incontrare e di riconoscere per prima il Signore risorto. Maria Maddalena è colei che in qualche modo ha fatto da guida agli altri apostoli nel riconoscere il risorto Signore. Per questo essa è stata chiamata anche "l'apostola degli Apostoli".

Spinta dall'amore, solo dall'amore per il suo Signore, la Maddalena, diversamente dai discepoli – i quali «se ne tornarono di nuovo a casa» (20,10) – «stava all'esterno, vicino al sepolcro e piangeva» (v. 11). Così la presenta il quarto evangelista, così solitamente la presenta l'iconografia. Una donna in pianto accanto al sepolcro: così deve essere immaginata la Maddalena!

L'evangelista insiste: «Mentre piangeva, si chinò verso il sepolcro». Al pianto segue il gesto: Maria spera di vedere, di trovare colui che l'ha aiutata a ritrovare la via della salvezza. Chinandosi sul sepolcro, Maria dimostra di voler impegnare nella ricerca tutta se stessa, anima e corpo. Viene alla mente la figura del Cantico dei cantici che non si dà pace fino a quando non ha trovato l'amato dell'anima sua.

Tutto il racconto verte attorno a una domanda, che viene ripetuta due volte. La prima volta sono gli angeli a formularla: «Donna perché piangi?». È giocoforza ammettere che persino gli angeli, messaggeri di Dio, sono stati colpiti dalle lacrime della Maddalena. Gli angeli, il Signore ce li manda non solo per proteggerci e difenderci, ma anche per condividere le nostre sofferenze e le nostre gioie.

La seconda volta invece è Gesù stesso che le chiede: «Donna, perché piangi? Chi cerchi?». Ovviamente anche Gesù si è commosso per quelle lacrime e, avendone intuito il motivo, aggiunge: «Chi cerchi?». Con questa piccola aggiunta Gesù orienta la ricerca di Maria e riesce a intessere con lei un dialogo che sfocerà nel reciproco riconoscimento, epilogo naturale di tutto il racconto.

È chiaro che per comprendere il dramma di Maria Maddalena occorre soppesare le risposte che ella ha dato agli angeli prima e poi a Gesù. Nella prima risposta emerge con estrema chiarezza l'approccio negativo al problema: «Hanno portato via il mio Signore e non so dove lo hanno posto». Di fronte al sepolcro vuoto Maria si sente sola, impotente, sperduta; si dà già per vinta, totalmente ignara di quello che è accaduto.

Nella seconda risposta, invece, se non del tutto positivo, l'approccio è almeno ipotetico: «Signore, se l'hai portato via tu, dimmi dove lo hai posto e io andrò a prenderlo». Per chi è disperato poter formulare anche solo una ipotesi è già fonte di sollievo. È questo il caso della Maddalena: forse in Gesù ella stava per riconoscere uno che l'avrebbe liberata dalla sua angoscia.

Siamo pronti ora a valutare pienamente lo scambio di identità tra Gesù e Maria: con due semplici parole –

"Maria", "Rabbunì" – i due protagonisti della scena si riconoscono e si aprono alla confidenza reciproca. Maria ovviamente vorrebbe abbracciare Gesù. Dopo averlo tanto desiderato direi che ne aveva diritto. Ma Gesù le dice: «Non mi trattenere perché non sono ancora salito al Padre». Con queste parole Gesù «intende mostrare a Maria che il cambiamento che si opera in lui in forza del suo passaggio al Padre comporta un nuovo tipo di relazioni». Queste parole hanno il sapore della profezia perché questa è esattamente la situazione nella quale ci troviamo anche noi, che non possiamo toccare la persona di Gesù ma l'incontriamo nei sacramenti.

L'episodio termina con un comando di Gesù a Maria: «Ma va' dai miei fratelli e dì loro: Io salgo al Padre mio e Padre vostro, Dio mio e Dio vostro». Ora Maria, superata la crisi nella quale si è venuta a trovare, e terse ormai le lacrime dal suo volto, è capace e pronta a diventare missionaria. In effetti essa «andò subito ad annunziare ai discepoli: "Ho visto il Signore", e anche ciò che le aveva detto».

7. Le lacrime di Pietro

Uno dei momenti più drammatici e più commoventi del racconto della passione di Gesù secondo Luca è certamente l'incontro di Gesù con Pietro dopo il suo triplice rinnegamento. Qui Luca manifesta tutta la sua arte narrativa, messa a servizio del Vangelo. È lui infatti, solo lui, a offrirci alcuni dettagli estremamente importanti.

Il pentimento di Pietro, espresso con una frase semplicissima («e, uscito fuori, pianse amaramente»), è preceduto da uno sguardo rivolto da Gesù a Pietro, con il quale il maestro ha donato il suo perdono al discepolo e il discepolo si è sentito punto interiormente.

Il triplice rinnegamento di Pietro, dunque, secondo
Luca conosce un lieto fine ignoto agli altri evangelisti.
Già Luca attenua la gravità dell'atteggiamento di Pietro
dal momento che non gli mette in bocca alcun giura-
mento (come fanno invece gli altri due evangelisti sinot-
tici). Inoltre dobbiamo rilevare che con il suo sguardo
Gesù sembra fare riferimento all'avvertimento e alla
promessa rivolti antecedentemente al discepolo: «Simone, Simone, ecco Satana vi ha cercato per vagliarvi come il grano; ma io ho pregato per te, che non venga
meno la tua fede; e tu, una volta ravveduto, conferma i
tuoi fratelli» (22,31-32).

Sono da soppesare attentamente queste parole che
Gesù rivolge al primo degli Apostoli: anzitutto viene
l'accenno a Satana, che entrerà in scena come del resto
ha già fatto con Gesù stesso (cf. Luca 4,1-13) e farà con
Giuda (Luca 22,3). Quella di Pietro perciò, senza nulla
togliere alla sua responsabilità, non fu tanto una sua
debolezza personale quanto piuttosto una minore resi-
stenza all'attacco di Satana. Inoltre: ancor prima di
annunziare il rinnegamento di Pietro, Gesù indica il
motivo per il quale questo rinnegamento non è irrepa-
rabile: «Io ho pregato per te perché non venga meno la
tua fede». È chiaro dunque che se Pietro avrà la grazia
di "convertirsi" questo sarà frutto della preghiera di Gesù, sarà dono della sua grazia. Pietro viene "graziato" e,
in questa sua nuova veste, egli potrà esercitare un ministero unico nel suo genere. Prima di ogni altro "primato", Pietro ha acquisito il primato della fede (cf. Luca
22,31) e il primato dell'amore (cf. Giovanni 21,15-17).

Una domanda si impone: quella di Pietro è stata una
vera e propria "conversione"? Secondo una possibile
traduzione, che suppone una circonlocuzione semiti-
ca, «e tu ricomincia a confermare i tuoi fratelli», la fede

di Pietro non solo lo riporta sulla strada finora percorsa, ma gioca un ruolo decisivo ed efficace per la formazione della comunità cristiana primitiva. Se è vero che, insieme agli altri Apostoli, scelti e inviati in missione da Gesù, Pietro sta a fondamento della Chiesa, essendo tuttavia pietra angolare Cristo Signore, è altrettanto vero che egli con Gesù ha avuto rapporti speciali.

Nella tradizione cattolica questo episodio, ma soprattutto le parole promissorie di Gesù nei confronti di Pietro assumono un significato forte. Esse infatti stanno a fondamento di un ministero speciale nella Chiesa di Cristo: quel ministero petrino che noi crediamo voluto espressamente dal Gesù storico e perennemente conservato nella bimillenaria storia della Chiesa. Ma non dobbiamo mai dimenticare che questo ministero è stato affidato a un uomo peccatore, salvato e riabilitato dal perdono di Gesù.

Lacrime di pentimento, ma anche lacrime corroboranti, furono quelle di Pietro: egli infatti pianse per il dolore dal quale era corroso, ma anche per la gioia di aver incrociato lo sguardo di Gesù. Proprio come si evince dall'intero racconto evangelico, dal quale emergono relazioni particolari di Pietro con Gesù, sia in positivo sia in negativo.

Ma a fondamento della conversione di Pietro e della vita della Chiesa, la comunità pasquale e pentecostale, stanno lo sguardo e la preghiera di Gesù. Gesù, dunque, e non Pietro, è il vero protagonista di questo singolare episodio.

8. Le lacrime dell'apostolo

Alludo all'apostolo Paolo, soprattutto ad alcune pagine autobiografiche del suo epistolario, dalle quali non si fa fatica a percepire la finezza e la delicatezza del suo animo. Paolo non teme di farsi conoscere anche nei meandri più reconditi della sua personalità. È proprio vero che l'apostolato al quale si è consacrato lo ha travolto anima e corpo.

Sappiamo che talvolta l'apostolo Paolo si paragona a una madre amorosa o a un padre premuroso, come in questo passaggio della prima lettera ai cristiani di Tessalonica:

> Siamo stati amorevoli in mezzo a voi, come una madre che ha cura dei propri figli... Sapete pure che, come un padre verso i propri figli, abbiamo esortato ciascuno di voi, vi abbiamo incoraggiato e scongiurato di comportarvi in maniera degna di Dio (2,7-12).

«Come una madre... e come un padre...»: e qual è quella madre o quel padre che non ha versato lacrime per i suoi figli? Così anche l'apostolo Paolo, e non si vergogna di dirlo apertamente: «Poiché molti, ve l'ho già detto più volte e ora con le lacrime agli occhi ve lo ripeto, si comportano da nemici della croce di Cristo» (Filippesi 3,18). Per Paolo l'amore a Cristo crocifisso è questione non solo di lacrime e pianti, ma di vita o di morte (cf. Galati 2,19 e 6,14); perciò non riesce a trattenere le lacrime al solo pensiero che ci sono alcuni, anzi molti, anche tra i cristiani, che si comportano non come veri discepoli di un re crocifisso, ma come seguaci di un re gaudente. Le lacrime dell'apostolo direi che irrorano tutte le sue lettere, nelle quali tuttavia percepiamo anche molti motivi di gioia e di consolazione; il messaggio che si sprigiona da esse arriva sino a noi.

È una ricerca estremamente entusiasmante quella di scoprire gli aspetti più intimi della vita di Paolo. Possiamo riferirci a quella lotta interiore di cui parla esplicitamente in Romani 7,16-25: «Non riesco a capire ciò che faccio: infatti io faccio non quello che voglio, ma quello che detesto... In me c'è il desiderio del bene ma non la capacità di farlo... Me infelice! Chi mi libererà da questo corpo di morte?».

Non possiamo passare sotto silenzio quello che Paolo scrive in 2 Corinzi 11,16-33, là dove descrive le sofferenze attraverso le quali ha dovuto passare per espletare al meglio il suo ministero apostolico. Come non pensare che, con tutto quello che Paolo ha dovuto soffrire, non abbia versato fiumi di lacrime, soprattutto se pensiamo «all'assillo quotidiano, la preoccupazione per tutte le Chiese»? (2 Corinzi 11,28).

In sintesi possiamo certamente dire che il ministero apostolico di Paolo, fatto soprattutto di evangelizzazione, come si legge in 1 Corinzi 1,17, ha comportato molte gioie ma anche molte sofferenze. Questo lo ha indotto alcune volte a piangere nel dover constatare come non sempre gli riusciva di trasmettere ad altri quell'amore a Cristo che gli ardeva nel cuore.

9. Le lacrime dell'addio

Nel capitolo ventesimo degli Atti degli Apostoli l'evangelista Luca ci presenta una scena assai commovente. Nel dare l'addio agli anziani di Efeso che erano venuti a visitarlo in quel di Mileto, l'apostolo non riesce a trattenere le lacrime:

> Dopo aver detto questo, si inginocchiò con tutti loro. Tutti scoppiarono in un gran pianto e, gettandosi al collo di Paolo, lo baciavano, addolorati soprattutto perché aveva detto che non avrebbero più rivisto il suo volto. E lo accompagnarono fino al mare (Atti 20,34-35).

Annotiamo: preghiere e lacrime sono come la continuazione dell'ascolto della Parola. Non deve sfuggirci questo fatto perché c'è il pericolo di ridurre l'ascolto della Parola a un semplice atto meccanico. Ora però mi domando: è questo il nostro modo di reagire al messaggio veicolato dalla parola di Dio? Quando il Signore parla e le sue parole colpiscono la nostra mente, il nostro cuore, qual è il nostro modo di reagire? Ci lasciamo davvero coinvolgere, anima e corpo, dal messaggio che arriva fino al nostro cuore? A questo proposito, possiamo ricordare l'esperienza di Geremia, profeta che scrive: «Quando le tue parole mi vennero incontro, / le divorai con avidità. / La tua parola fu la gioia e la letizia del mio cuore» (15,16); ma noi sappiamo che per la parola di Dio che gli è stata affidata Geremia ha dovuto versare molte lacrime.

È un pianto condiviso quello di Paolo in questa circostanza: segno non solo di commozione collettiva, ma anche di una fede schietta e genuina, che non rifugge da esternazioni semplici e immediate come il pianto. Piangere perciò non è sempre solo segno di debolezza o di dolore, ma può essere anche segno di gioia intima, profonda, che può essere partecipata da altri.

Dopo aver tratteggiato, in un discorso stupendo che dal grande esegeta Jacques Dupont è stato giustamente caratterizzato come "il testamento pastorale" dell'apostolo, le grandi linee del suo ministero, con spirito profetico Paolo afferma: «Ed ora, ecco io so che non vedrete più il mio volto, voi tutti attraverso i quali sono passato annunciando il Regno». Sono proprio queste le parole che hanno commosso i presenti e hanno provocato in loro le lacrime. Ne possiamo dedurre che è certamente importante il messaggio del Regno, ma ha la sua importanza anche colui che lo reca e lo annuncia.

Non è forse questa la motivazione che spesso spinge i fedeli ad amare e a difendere i ministri della Parola?

Nel congedarsi da loro Paolo afferma: «Ed ora io vi affido al Signore e alla parola della sua grazia, che ha il potere di edificare». Invece di affidare la Parola ai presenti, Paolo affida i presenti alla Parola: affermazione quanto mai chiara e preziosa. Il motivo sta nel fatto che la Parola, solo la Parola, «ha il potere di edificare», cioè di far nascere e crescere una comunità di credenti. Un vero e proprio "addio" quello che Paolo rivolge agli anziani di Efeso: il fatto che egli li affidi alla parola di Dio ne è una conferma assai chiara, più delle lacrime da loro versate.

10. Le lacrime del desiderio

Il libro dell'Apocalisse ci offre almeno un paio di testi che parlano delle lacrime. Il primo è quello del capitolo quinto là dove l'evangelista esprime il vivo desiderio di poter leggere il libro sigillato; ma un desiderio così forte e profondo da provocare le lacrime. Si legge infatti: «Io piangevo molto» (5,4).

Il veggente si trova davanti un rotolo, sigillato con sette sigilli. Per di più si sente provocato dalla voce di un angelo: «Chi è degno di aprire il libro e sciogliere i sigilli?». Sembrerebbe che il libro sia destinato a rimanere sigillato per sempre, nessuno essendo degno di osare tanto, neppure colui al quale è rivolta la visione. Se fosse veramente così sarebbe un vero dramma perché solo da quel libro può venire luce e forza per proseguire il cammino.

Ed ecco la reazione del veggente: «Io piangevo molto perché non si trovava nessuno degno di aprire il libro e di leggerlo» (5,4). Ovviamente queste lacrime sono provocate dal grande desiderio di apprendere il messaggio contenuto nel libro e di conoscere così ciò che Dio vuole rivelare al suo servitore. Lacrime di desiderio, perciò. Un desiderio non terreno, non banale ma che mira a conoscere l'oggetto della volontà di Dio: non solo per conoscerla ma anche e soprattutto per disporsi a realizzarla.

Poi entra in scena uno dei vegliardi che rivolge al veggente questo invito: «Non piangere più: ecco ha vinto il leone della tribù di Giuda, il Germoglio di Davide: egli dunque aprirà il libro e i suoi sette sigilli». Ma chi è costui al quale è stato dato questo potere? Ovviamente è Cristo Signore, al quale vengono attribuiti titoli messianici mutuati da Genesi 49,9 e da Isaia 11,1.10. Nessuno eccetto questo personaggio divino può arrogarsi il diritto e la missione di leggere il contenuto di quel libro: esso rimarrà sigillato per tutti fino a quando, a Dio piacendo, entrerà nella storia l'Agnello immolato.

Più esattamente si tratta di Gesù nel suo mistero pasquale di morte e di risurrezione. In quanto "agnello immolato", infatti, Gesù è vincitore della morte: la morte non ha più alcun potere su di lui e con lui sono chiamati e introdotti alla vita tutti quelli che credono: «Poi vidi ritto in mezzo al trono... un Agnello come immolato... E l'Agnello giunse e prese il libro dalla destra di Colui che era seduto sul trono». Finalmente ecco uno che potrà sciogliere i sigilli del libro e in questo modo potrà eliminare le lacrime del veggente.

A questo punto la scena cambia: i quattro esseri viventi e i ventiquattro vegliardi si prostrano davanti all'Agnello e cantano «un canto nuovo». Quale canto? Probabilmente l'*Amen*, come si dice al v. 14, comunque sempre un «canto nuovo», tale cioè da superare l'*impasse* delle lacrime che avevano rattristato l'evangelista. Alle lacrime degli esuli subentra dunque il canto dei redenti, i pellegrini che procedono fiduciosi verso la patria beata. Il contrasto tra quelle lacrime e questo canto è altamente significativo: sta a indicare la novità della condizione di vita di quanti sono ammessi alla lettura del libro.

Purtroppo, piangere si deve fino a quando si vive su questa terra, in questa "valle di lacrime", fino a un tempo determinato. Verrà, presto o tardi, il tempo nel quale potremo anche noi cantare il nostro *Amen,* quel canto nuovo che si addice ai figli dell'Alleanza nuova, entrati nel mondo nuovo.

11. Non più lacrime

L'altra pagina dell'Apocalisse che ci parla di lacrime è quella che troviamo al capitolo ventuno, dove si prospettano «cieli nuovi e terra nuova», dove si parla della «città santa, la nuova Gerusalemme» e della «dimora di Dio con gli uomini». Allora, per pura grazia, che trionferà su ogni nostra infedeltà, «Dio tergerà ogni lacrima dai loro occhi; non ci sarà più la morte, né lutto né lamento né affanno» (21,4).

Lo aveva già profetizzato Isaia in una delle sue pagine più belle:

> Ci sarà un sentiero e una strada
> e la chiameranno "via santa"...
> Su di essa ritorneranno i riscattati dal Signore
> e verranno in Sion con giubilo;
> felicità perenne splenderà sul loro capo (35,8-10).

Ciò che il profeta aveva preconizzato, l'evangelista lo dichiara esperienza viva e reale del nuovo Israele. Dinanzi a questa profezia, che riveste certamente un carattere consolatorio, si accende in noi la virtù della speranza, sorella indivisibile della fede, in virtù della quale ci è data la facoltà non solo di attendere e sollecitare nella preghiera la liberazione ultima e definitiva, ma anche di viverla in qualche modo anticipatamente su questa terra.

Nella luce e nella grazia della "Alleanza nuova" tutto viene rinnovato: «Ecco, io faccio nuove tutte le cose» (v. 5); nulla viene definitivamente squalificato, ma tutto viene rinnovato da colui che ha il potere su tutto e su tutti. Le cose sono dette "nuove" perché riportate alla loro originaria condizione: come sono uscite dalle mani del Creatore o come sono state ricreate dalla mano potente del Liberatore (sono più che evidenti in questa pagina i riferimenti sia all'atto creativo di Dio sia al gesto liberatore di Jahvè nell'esodo).

«Non più lutto, né lacrime né lamento»: ma come potrà accadere questo? Quale evento potrà provocare un cambiamento così netto? La risposta è una sola e viene indicata espressamente in questa stessa profezia:

Ecco la dimora di Dio con gli uomini!
Egli dimorerà tra di loro
ed essi saranno suo popolo
ed egli sarà il Dio-con-loro (Apocalisse 21,3).

Questa, solo questa è la motivazione di quel cambiamento di situazione per la quale alle lacrime subentrerà la gioia, al lamento subentrerà il giubilo e all'affanno subentrerà la pace. Allora, se vogliamo dare alle parole il loro vero significato, non saremo tanto noi ad abitare nella casa di Dio, ma sarà lui, Dio in persona, che stabilirà la sua dimora tra di noi. Si rinnoverà allora in pienezza il mistero dell'Emmanuele (*immanu El*) di cui parla anche Isaia 7,14. Da sempre e per sempre il Dio di Israele, sia l'antico che il nuovo, è e rimane l'Emmanuele.

12. La beatitudine delle lacrime

Paradossale ma vero: Gesù ha potuto proclamare anche questa beatitudine che forse facciamo fatica a comprendere, e giustamente! Ma quale "beatitudine" possiamo scorgere nel fatto che talvolta ci troviamo nella triste necessità di versare lacrime? Non è forse vero che talvolta piangiamo senza sapere il perché, soprattutto senza poter prevedere il conforto che verrà?

Vale certamente la pena di sostare in meditazione su una delle otto beatitudini, non dimenticando però che, come hanno fatto notare alcuni ottimi esegeti, tutte si riferiscono alla prima, della quale possono essere considerate come articolazioni sul tema della povertà: «Beati i poveri di spirito... Beati voi, poveri» (Matteo 5,1ss; Luca 6,20ss). Se questo è vero, allora dobbiamo convenire che il piangere è una di quelle povertà con le quali dobbiamo fare i conti e che non possiamo mai eliminare del tutto dalla nostra vita. Anche la beatitudine delle lacrime, perciò, può e deve essere considerata come un'articolazione della beatitudine della povertà. E come potremmo ritenere il contrario? Non è forse una vera e autentica povertà quella nella quale si trova chi deve piangere per le più diverse e svariate motivazioni? Certo, una povertà *sui generis*, ma pur sempre una vera povertà.

Sappiamo che assai probabilmente la redazione lucana di questa pagina evangelica è più antica di quella di Matteo e che, pertanto, può essere ritenuta vicinissima a come si è espresso il Gesù storico. È da notare, sulla scorta di alcuni commenti autorevoli, che «mentre le beatitudini di Matteo tracciano un programma di vita virtuosa con promessa di una ricompensa celeste, le beatitudini di Luca annunziano il rovesciamento delle situazioni da questa vita a quella futura». Il messaggio di ambedue gli evangelisti rimane valido, anche se la prospettiva è sensibilmente diversa.

Perciò una particolare attenzione dobbiamo prestare all'evangelista Luca perché egli, oltre alla beatitudine, riferisce anche una minaccia. Infatti, dopo aver scritto: «Beati voi che ora piangete, perché riderete», Luca scrive: «Guai a voi che ora ridete, perché sarete afflitti e piangerete». Come in altra circostanza (cf. Giovanni 16,20) anche qui Gesù contrappone il piangere al ridere e questo dà maggiore plasticità al discorso.

Particolare attenzione merita la presenza del futuro dopo il presente: Gesù intende aprire la prospettiva escatologica dinanzi ai suoi discepoli. È come dire che non dobbiamo aspettarci che "i conti tornino" in questa nostra vita terrena; Gesù ci invita a tenere sempre aperta la prospettiva del Regno al quale siamo destinati. Senza questa prospettiva ogni beatitudine perderebbe di mordente; non basta infatti essere effettivamente poveri per essere destinatari della relativa beatitudine; parimenti non basta essere effettivamente afflitti per ottenere consolazione.

Ma dobbiamo pur chiederci: a quali condizioni si può parlare di una beatitudine delle lacrime? La domanda non è affatto oziosa o retorica. Abbiamo molti motivi per riflettere e cercare alcune risposte non evasive, ma puntuali e mirate. Anzitutto, è necessario che il pianto sia compreso non come un castigo, una condanna o una mera fatalità, ma come un'opportunità, cioè come un'occasione per riflettere, per confrontarci e forse anche per cambiare vita. Allora il piangere può diventare segno di sapienza, e non solo segno di debolezza o di dolore.

In secondo luogo, se siamo cristiani, dobbiamo ricordare le parole profetiche di Gesù: «Voi piangerete e vi rattristerete... ma la vostra afflizione si cambierà in gioia» (Giovanni 16,20). Se Gesù ci ha lasciato questa profezia, è segno che ogni suo autentico discepolo non può illudersi di camminare su strade seminate con rose e fiori, ma sa di doverlo seguire sulla via che porta al Calvario. A proposito degli afflitti (quelli che sono nel lutto), di cui parla Matteo, il commento della TOB afferma: «Non i melanconici o le vittime dell'oppressione sociale... ma coloro che ancora aspettano la consolazione definitiva (Luca 2,25) che sola libererà gli uomini dal dolore (cf. Isaia 61,2)».

In terzo luogo – ed è ciò che opportunamente rilevano alcuni esegeti – «non basta essere effettivamente infelici o felici per ottenere la beatitudine o il suo contrario, ma bisogna comprendere e accogliere la propria situazione nella luce della salvezza» (TOB). Occorre cioè essere imbevuti di quella spiritualità evangelica che sola può insegnarci a «pensare i pensieri» di Dio (cf. Isaia 55,8-9) e a fare nostro «il pensiero di Cristo» (1 Corinzi 2,16).

13. Le lacrime del nostro esilio

Mi riferisco alle parole che, alla vigilia della sua passione, Gesù rivolse ai suoi discepoli: «In verità, in verità vi dico: "Voi piangerete e vi rattristerete, ma il mondo si rallegrerà. Voi sarete afflitti, ma la vostra afflizione si cambierà in gioia"» (Giovanni 16,20). Sono parole dall'alto valore profetico: ovviamente Gesù intende sostenere l'arduo cammino dei suoi discepoli dopo la sua partenza.

Lo rileva con estrema chiarezza anche questo commento della TOB:

> La scomparsa di Gesù provocherà nei discepoli una grande afflizione mentre gli uomini coalizzati contro di lui conosceranno la gioia del trionfo. Tuttavia proprio da questi avvenimenti nascerà la nuova situazione di Gesù e dei suoi che saranno, quindi, colmati di gioia.

Appena prima Gesù aveva detto: «Andate interrogando tra voi perché ho detto: "Ancora un poco e non mi vedrete e un poco ancora e mi vedrete"». Ovviamente prima di lasciare i suoi discepoli Gesù vuole educarli preparandoli al distacco. Veramente non si tratta di un "addio", ma di un "arrivederci": «Vado, ma tornerò tra voi... Vado a prepararvi un posto». Alcuni rilievi di carattere esegetico ci aiuteranno a penetrare nel messaggio veicolato da queste parole. Anzitutto, rileviamo il forte contrasto tra la situazione prevista per i discepoli e quella totalmente contraria dei nemici di Gesù. I primi destinati all'afflizione, gli altri invece alla gioia. È sempre una sfida, questa, che ritorna puntualmente nelle diverse fasi della storia. Non possiamo, perciò, non pensare alla situazione nella quale si trovano oggi non pochi cristiani, sia lontani che vicini, i quali devono soffrire a causa della fede che coltivano e desiderano esprimere. Una sfida che spesso, anche oggi, arriva fino al martirio.

Di pianto e tristezza parla esplicitamente Gesù e certo lo fa a ragion veduta. I discepoli infatti non possono essere di più del loro maestro (cf. Luca 6,40; Giovanni 13,16): da lui hanno ascoltato parole chiare e forti che non sopportano di essere edulcorate o fraintese. Perciò i veri discepoli di Gesù devono camminare sulla stessa via percorsa dal maestro e seguirlo fino al monte Calvario nella fiduciosa attesa della risurrezione.

Quanto all'afflizione, è Gesù stesso che precisa il suo pensiero quando afferma: «La donna, quando partorisce, è afflitta, poiché è giunta la sua ora; ma quando ha dato alla luce il suo bambino non si ricorda più della afflizione per la gioia che è venuto al mondo un uomo». E di seguito, riprendendo il pensiero di prima, Gesù dice: «Così anche voi: ora siete nella tristezza; ma vi vedrò di nuovo e il vostro cuore si rallegrerà e nessuno vi potrà togliere la vostra gioia» (Giovanni 16,21-23). Ricordiamo che l'immagine dei dolori del parto era già nota agli autori del primo Testamento e utilizzata anche da quelli del nuovo (cf. Marco 13,8; Romani 8,22; Apocalisse 12,21). Anche se l'evangelista pensa agli avvenimenti della passione e glorificazione di Gesù in quanto vissuti dai discepoli, è chiaro che, come già detto, possiamo pensare anche a tutti quei credenti in Cristo che, in diversi tempi e in diverse situazioni, si trovano a testimoniare la loro fede fino al martirio.

14. Gementi e piangenti

Ogni buon cristiano, che nutre devozione a Maria, non può dimenticare la bella preghiera della *Salve, Regina*, anzi la recita spesso e volentieri, volendo esprimere nei confronti della madre di Dio quei genuini sentimenti filiali che ha imparato a coltivare fin dalla sua infanzia e che sente di poter vivere anche in età matura.

Ebbene, in questa bellissima preghiera troviamo alcune, anzi parecchie, espressioni sul tema che stiamo sviluppando e che ora torna conto ricordare e commentare. Nella *Salve, Regina* troviamo perciò una invocazione a Maria che ci aiuta a dare un senso e un respiro liberante anche alle nostre lacrime. Non è forse questo uno dei compiti di ogni madre verso i suoi figli?

Fin dall'inizio invochiamo Maria come "Madre di misericordia" e le riconosciamo il compito e la missione di distribuire ai suoi figli quegli immensi doni di misericordia che il Figlio suo Gesù ha meritato con la sua passione, morte e risurrezione. Verso la fine della preghiera diciamo: «Orsù, dunque, avvocata nostra, rivolgi a noi quegli occhi tuoi misericordiosi», ribadendo così che alla Madonna noi chiediamo soprattutto di manifestarsi come madre premurosa e misericordiosa.

Di seguito diciamo: «Vita, dolcezza e speranza nostra, salve!». È un invito esplicito a relazionarci alla Madonna nel segno della massima fiducia e della massima apertura d'animo. È la sua dolcezza che anima la nostra speranza e ci infonde il coraggio di chiederle tutto.

Poi le diciamo: «A te ricorriamo esuli figli di Eva»; il tema dell'esilio ci rimanda ad alcuni salmi da noi commentati, nei quali abbiamo potuto registrare il pianto degli esuli: sia l'antico Israele, lontano dalla terra promessa, sia il nuovo Israele, che vive nell'attesa della patria beata. È proprio vero che anche noi siamo esuli su questa terra. Ce lo attesta l'autore della lettera agli Ebrei quando scrive: «Non abbiamo quaggiù una città stabile, ma andiamo in cerca di quella futura» (13,14).

Più avanti ci rivolgiamo a Maria con questa invocazione: «A te sospiriamo, gementi e piangenti in questa valle di lacrime». Anche «la valle di lacrime» ci rimanda a un salmo nel quale abbiamo potuto cogliere la tristezza, mista a speranza, di chi si trova esule dalla terra promessa o esule sulla terra in attesa della patria beata. Possiamo immaginare un coro immenso di uomini e donne che, nelle diverse parti del mondo, elevano a Dio la loro preghiera mista a lacrime.

Infine, ci rivolgiamo a Maria con questa serie di appellativi: «O clemente, o pia, o dolce Vergine Maria». Mentre la clemenza ci rimanda alla divina misericordia, la dolcezza di Maria ci richiama la tenerezza del Padre che, per mezzo del Figlio e nella potenza dello Spirito Santo, effonde le sue grazie su di noi, che ci riconosciamo peccatori.

In conclusione, mi pare di poter dire che nella *Salve, Regina* troviamo una eco molteplice e fedele di non poche espressioni che abbiamo commentato in alcuni salmi. È dunque una preghiera squisitamente biblica, una preghiera nella quale il tema delle lacrime e del pianto si intreccia con altri che le danno un respiro più ampio e più solare.

15. *Sunt lacrimae rerum*

Una reminiscenza scolastica a questo punto non nuoce. Mi sia consentita una confidenza; appena decisi di dedicarmi a questa ricerca, mi ricordai di questo versetto del poeta latino Virgilio. Fu come un fulmine a ciel sereno (ma certamente portavo questa reminiscenza nel mio subconscio) e decisi di commentarlo.

Sappiamo tutti come questo grande poeta latino abbia coltivato la prospettiva di un tempo ideale per l'umanità fino a ipotizzare un'era di pace universale. Ma non è di questo che intendo parlare, anche se ovviamente per noi cristiani questo fatto costituisce un punto di riferimento di straordinaria importanza. Virgilio ha potuto forse intravedere l'era messianica che stava per iniziare? Ipotesi indubbiamente entusiasmante!

Ma il testo che intendo commentare è un altro. Esso recita: «*Sunt lacrimae rerum et mentem mortalia tangunt*»

(Eneide, libro I, v. 462). Sono parole pronunciate da Enea piangente, rivolte ad Acate. L'eroe proferisce queste parole alla vista delle incisioni sulla guerra di Troia, che sono scolpite in un tempio cartaginese dedicato a Giunone, prima dell'incontro con Didone.

Questo versetto è stato tradotto in diversi modi. Per esempio, A. Rostagni traduce così: «La storia è lacrime, e l'umano soffrire commuove la mente». Una traduzione in lingua inglese recita: *«The world is a world of tears and the burdens of mortality touch the heart»* (R. Fagles). Personalmente mi permetto di proporre una nuova traduzione: «Tutto piange e ciò che è mortale affligge l'animo umano».

Non è difficile, credo, interpretare il pensiero dell'autore. Virgilio pensa certamente alla situazione triste nella quale viene a trovarsi chi, in qualche modo e per diverse ragioni, soprattutto a causa delle stragi prodotte dalla guerra, deve fare i conti con la morte e tutto ciò che la annuncia o la prepara. Allora, quando una persona avverte di essere vittima di un attacco mortale, è giocoforza che si abbandoni alle lacrime. Le lacrime sono il segno inequivocabile della lotta che si sta combattendo contro forze avverse, nel timore di essere sopraffatti e di dover soccombere. Il termine *mortalia*, a mio avviso, è comprensivo di tutto ciò che attiene al regno e all'esperienza della morte.

Quando uno si sente "toccato" (*tangunt*) dalla morte, qualunque sia il genere di attacco messo in atto da qualsivoglia attore, cerca un qualche sollievo nel piangere: le lacrime non sono solo il segno del dolore patito, ma anche uno sfogo di chi soffre e spera di esserne liberato. Esattamente l'insegnamento che abbiamo potuto cogliere e accogliere anche dalle riflessioni premesse.

Il poeta latino ci offre così un'altra pista di riflessione e di liberazione. Le "cose" (*rerum*) che piangono con noi suggeriscono l'idea del compianto universale: non siamo mai soli a soffrire e a piangere, ma è un po' sempre la natura che condivide la nostra pena. Come non richiamare, a questo proposito, i "gemiti della creazione" di cui parla l'apostolo Paolo in Romani 8,22? Ognuno di noi sa di essere una persona individua, ma sa anche di formare una "personalità corporativa" con gli altri umani e con l'intera creazione. Forse il poeta, nella sua squisita sensibilità religiosa, voleva suggerire anche questo pensiero. Virgilio comunque è buon testimone del valore universale delle lacrime umane, qualunque sia il motivo per il quale esse vengono versate.

Postfazione

Un'ultima parola la devo spendere a proposito del sottotitolo del presente volume che, a prima vista, sembra contrapporsi al titolo. Non vorrei che, quasi ipnotizzato dal tema delle lacrime, il lettore si lasciasse trascinare verso una concezione pessimistica della vita. Sarebbe un frutto imprevisto e indesiderato delle riflessioni che ho cercato di proporre. Il lettore/lettrice dovrebbe aver già compreso che ben altro è lo spirito dal quale mi sono lasciato condurre, ben altro lo scopo che mi sono prefisso.

Personalmente non sono il tipo che indulge facilmente alla melanconia; anzi la rifuggo volentieri e, quando mi assale, per fortuna (o per grazia) me ne libero facilmente quasi subito. Sono stato educato in questo modo e ne ringrazio Iddio. Devo anche ammettere che una delle mie scelte pastorali prioritarie è proprio quella di liberare il più possibile le persone dalla morsa della tristezza o dal dedalo delle paure. E devo dire, a onor del vero, che assai spesso ci sono riuscito.

Ancor meno desidero trascinare altri verso una visione negativa della vita. Le lacrime spesso sono sì sintomo di tristezza o di dolore ma, come abbiamo detto ripetutamente, possono essere interpretate anche sotto un segno diverso: come un dono che Dio, nella sua misteriosa sapienza, riserva per coloro che gli sono più cari. È anche questo un modo – non certamente l'unico – con il quale egli intende educarci. La sua arte pedagogica si manifesta anche in questo modo.

Giustapponendo il sottotitolo "Dove sta la gioia vera" al titolo "Elogio delle lacrime" intendo esattamente raggiungere questo scopo: invitare il lettore/lettrice a non fermarsi alla superficie delle esperienze, anche le più dolorose, ma a penetrarle profondamente fino ad attingere quel nettare che solo può dare o ridare alla nostra vita il respiro della gioia, quella vera. È un dono, questo, che dobbiamo chiedere al Signore nella preghiera e che egli ci concede nella sua infinita bontà.

È proprio vero, dunque, che spesso le apparenze ingannano: la vera sapienza, per chi coltiva il dono della fede, consiste anche nel saper andare oltre la crisi, oltre le esperienze negative per entrare nella logica del "bicchiere mezzo pieno" senza fermarsi a quella del "bicchiere mezzo vuoto". Non è forse questo che abbiamo imparato dalla meditazione di tante pagine bibliche, sia del primo sia del nuovo Testamento?

È questo anche il senso della preghiera con la quale, secondo il mio solito, chiudo queste riflessioni. Se è vero, come afferma l'apostolo Paolo, che la gioia è uno dei doni dello Spirito Santo (cf. Galati 5,22), allora è certo che questo suo dono lo Spirito del Signore risorto lo dispensa anche a chi ha giusti motivi per piangere. Beati gli afflitti, perciò, beati coloro che piangono perché il Signore è con loro e con loro condivide l'afflizione.

Testi biblici citati

Dal nuovo Testamento

Altri testi commentati

Preghiera

È proprio vero, Signore,
che le lacrime sono
un dono che tu riservi
ai tuoi figli e figlie prediletti?
Ma io, quando piango,
mi sento pervaso dalla tristezza più nera,
mi sembra di essere solo,
tremendamente solo.
«Proprio allora sono io
che ti sono vicino,
più intimo a te del tuo intimo.
Non dimenticarti che ti sto accanto
e ti porto con me,
desideroso solo del tuo vero bene».

È proprio vero, Signore,
che le lacrime sono segno
della tua paterna benevolenza?
Ma io, quando piango,
mi sento abbandonato da tutti,
reietto e ultimo dei tuoi figli,
un uomo privo di speranza.
«Proprio allora sono io
che ti porto in braccio

con infinita tenerezza.
Non dimenticare che hai
un padre in cielo
il cui amore supera ogni amore umano,
un padre che mai ti abbandonerà».

È proprio vero, Signore,
che le lacrime sono indice
della tua divina pedagogia?
Ma io, quando piango,
mi sento desolato,
privo di forze, come paralizzato
e incapace di camminare sulle vie
che tu mi indichi.
«Proprio allora, sono io
che ti voglio assimilare al figlio mio, Gesù:
anche lui ha pianto e sofferto per te.
Non dimenticarti che io sono
la tua roccia di difesa,
il tuo baluardo, la tua salvezza».

Indice

Nella stessa collana